L'AÉROPLANE POUR TOUS

A Monsieur Taupiat de St Symeux

Hommage de deux jeunes camarades

R. Marques   Ch. Lelasseux

Janvier 1909.

L'Aéroplane

pour tous

par

Louis LELASSEUX & René MARQUE

INGÉNIEURS DES ARTS ET MANUFACTURES

SUIVI D'UNE NOTE DE

M. P. PAINLEVÉ

Membre de l'Institut

SUR

LES DEUX ÉCOLES D'AVIATION

❧ ❧ ❧

PARIS

Société d'Éditions aéronautiques

84, RUE DE RICHELIEU, 84

1909

INTRODUCTION

En novembre 1906, M. Santos-Dumont, à bord de son
aéroplane *14 bis*, réussissait un vol de 220 mètres. Ce
fait particulièrement remarquable, provoqua l'enthou-
siasme des initiés, mais fut à peine retenu par le
public.

Bien peu de gens soupçonnaient alors que, deux ans
plus tard, des envolées de 100 kilomètres seraient réalisées en France et quiconque aurait prédit qu'avant la
fin de 1908 un appareil plus lourd que l'air se rendrait
d'une ville à une autre par la voie aérienne, n'aurait
pas été pris au sérieux.

Cependant le fait est maintenant réalisé. Les expériences de MM. Wright, Farman et Blériot ont converti
les incrédules. Grâce à eux, une évolution rapide des
idées vient de s'accomplir. Tout le monde accepte comme
certain, et bientôt pratiquement réalisable, le nouveau
mode de locomotion. Les pouvoirs publics eux-mêmes,
songent déjà à en envisager les conséquences, et à en
étudier l'application.

L'ère des transports aériens commence.

Ce développement extrêmement rapide de l'aviation
n'a pas permis à tous d'en suivre les phases. Nombre
de personnes ignorent les noms des chercheurs qui ont
préparé la voie, et permis aux champions actuels de réaliser les prouesses auxquelles nous venons d'applaudir.

Les principes de l'emploi de l'aéroplane sont inconnus de presque tous, et pourtant beaucoup sont désireux d'en comprendre le fonctionnement.

Nous avons pensé que l'étude des grandes lignes de la question intéresserait tous ceux que passionne l'aviation.

Dans un rapide historique nous avons rappelé les noms des chercheurs et des précurseurs de la locomotion aérienne.

Nous avons exposé ensuite les lois de la résistance de l'air, ce qui nous a permis d'expliquer le mouvement d'un aéroplane, et l'emploi de ses organes de direction et de propulsion.

Après une courte étude des moteurs employés en aviation, nous avons décrit les appareils dont les essais ont donné des résultats satisfaisants : les monoplans de MM. Esnault-Pelterie et Blériot, les biplans des frères Voisin pilotés par MM. Farman et Delagrange, et l'appareil des frères Wright.

Un aperçu général des applications de l'aéroplane dans la vie économique et militaire, termine cette étude. Pour la rédaction de ce chapitre nous avons emprunté au capitaine Sazerac de Forge une partie des idées contenues dans son livre si remarquable de netteté et d'exactitude : « La Conquête de l'air. »

Le livre de M. Tatin sur l'aviation, nous a été également d'une grande utilité. Nous y avons puisé des renseignements précieux, résultats de sa longue expérience.

Nous avons placé à la fin de ce travail une étude comparée de quelques aéroplanes actuels. Nous adressons à M. Painlevé, membre de l'Institut, qui nous a fait l'honneur de l'écrire pour ce petit livre, nos plus sincères remerciements. Ayant pris place comme passager à bord des appareils de MM. Wright et Farman, M. Painlevé a pu mieux que personne apprécier le fonctionnement et les difficultés de conduite de chacun d'eux.

Nous espérons que cette brochure, malgré ses imperfections intéressera le lecteur. Nous nous sommes efforcés d'expliquer tous les appareils par des raisonnements simples pouvant être compris de tous. Dans ce but, nous avons écarté du texte toute formule mathématique.

Nous serons heureux si la diffusion de ce petit livre augmente le nombre déjà grand des fervents de l'aviation.

Peut-être, quelque jeune lecteur, après avoir pris connaissance, des travaux déjà faits, se mettra-t-il, lui aussi, à l'étude, et par de nouvelles découvertes, hâtera le développement de la locomotion aérienne. Nous serions alors largement récompensés de notre travail, et nous aurions atteint notre but.

Paris, décembre 1908.

CHAPITRE PREMIER

HISTORIQUE

Imitation du vol des oiseaux. — Orthoptères.

La conquête de l'air a été de tout temps une des grandes préoccupations de l'homme. L'idée la plus simple qui se présenta à son esprit fut d'imiter le vol des oiseaux. Aussi ne faut-il pas s'étonner de la trouver dans la légende d'Icare et de son père Dédale. Munis d'ailes attachées avec de la cire, ils tentèrent de s'enfuir du labyrinthe de l'île de Crète, où ils étaient prisonniers. Mais l'imprudent Icare, oubliant les recommandations de son père, s'approcha trop près du soleil, la cire fondit, ses ailes se détachèrent et il fut précipité dans la mer.

Cette naïveté de la légende se retrouve pendant longtemps chez les chercheurs, avec cette différence toutefois qu'ils prennent soin de fixer solidement leurs ailes. Malgré cette précaution leurs efforts restent vains et il ne peut en être autrement. La force musculaire de l'homme comparée à celle de l'oiseau est très faible. Il faudrait qu'elle soit deux cents fois plus grande pour qu'il puisse s'élever comme ce dernier.

Les chercheurs le comprennent enfin et imaginent d'actionner mécaniquement les ailes avec lesquelles ils espèrent voler. Ils rencontrent alors d'autres difficultés, car l'imitation des mouvements de l'oiseau est à peu près impossible. Nous savons aujourd'hui par le cinématographe, que l'oiseau déforme continuellement son aile et la fait travailler à la façon d'une hélice. Réaliser mécaniquement un tel organe comporte de telles difficultés que tous les essais faits dans cette voie n'ont encore donné que de bien maigres résultats.

Toutefois, nous devons signaler les expériences faites en 1897 par l'Avion Ader, dont les ailes étaient constituées par des organes rigides convenablement arti-

Fig. 1. — L'Avion Ader.

culés, et imitant dans la mesure du possible, les mouvements de l'aile de la chauve-souris. Sous l'action combinée de ses hélices mues par un moteur à vapeur, et d'un vent très violent, l'appareil monté, accomplit à la dérive, un parcours aérien de 300 mètres, démontrant ainsi qu'un « plus lourd que l'air » pouvait se tenir dans l'atmosphère. De tous les appareils à ailes battantes (ou orthoptères) c'est le seul qui ait donné des résultats encourageants ; mais les expériences ne furent pas continuées.

Hélicoptères.

Devant les difficultés du vol mécanique par imitation directe des oiseaux, les chercheurs essayèrent d'autres procédés. Ils tentèrent d'utiliser la rotation d'une hélice à axe vertical pour se soulever, créant ainsi les hélicoptères.

Vers 1860, un partisan convaincu de ce système,

Ponton d'Amecourt, en démontra expérimentalement la possibilité. Depuis, tout le monde a répété cette expérience, et il n'est pas rare de la voir faire encore de nos jours sur les boulevards, sous forme de papillons en papier s'élevant au-dessus de la foule. Le moteur n'est qu'un simple élastique tordu qui, en se déroulant actionne une hélice.

Mais il y a loin de ce simple jouet, à l'appareil capable de soulever un homme. La puissance nécessaire pour accomplir un tel travail, devient tout de suite assez considérable, et jusqu'ici les moteurs capables de la fournir n'ont pu se soulever eux-mêmes.

Toutefois, de véritables tours de force ont été accomplis ; des appareils ne pesant que quelques kilogrammes ont réussi à se soulever avec leur moteur, montrant ainsi que le problème était soluble, et que le poids trop élevé de ces derniers était le principal obstacle.

Il importait donc de les alléger le plus possible ; la vapeur et l'électricité ne s'y prêtaient guère, et il fallut la création du moteur à pétrole, employé sur l'automobile, pour arriver à des résultats encourageants.

La limitation à 1,000 kilogrammes du poids des voitures de course a été la cause d'étonnants et rapides progrès, qui permettent d'espérer pour un avenir très proche la solution du « plus lourd que l'air » par l'hélicoptère. Le « gyroplane » Bréguet, essayé récemment, prouve que cet espoir n'a rien de chimérique.

Le vol plané. — Aéroplane.
Les recherches américaines et françaises.

L'hélice ne pouvant soulever directement un homme, d'audacieux chercheurs ont tenté de tourner la difficulté en lui faisant tirer un grand cerf-volant capable de le porter. Ils ont constitué ainsi un aéroplane.

Mais, pendant longtemps, le poids trop élevé des

moteurs n'a pas permis à ces appareils de s'enlever. Aussi, un grand nombre de chercheurs commencèrent leurs expériences sans moteur.

C'est le cas de l'Allemand Lilienthal, qui, en 1893, suspendu à un énorme cerf-volant, réussit des vols de 200 et 300 mètres, en se lançant d'endroits élevés. Malheureusement, au cours d'une de ces glissades

Fig. 2. — Glissade aérienne de Lilienthal.

aériennes, l'appareil chavira, et le courageux aviateur se brisa le crâne.

A la même époque, un Américain, Langley, construisit un aéroplane à vapeur qui, sans voyageur, put accomplir des parcours aériens de plus de 1,500 mètres ; mais il ne pesait que 15 kilogrammes.

Enfin, quelques années plus tard, en 1903, l'Amérique devait trouver la solution du problème. Suivant les théories de M. Chanute, les frères Wright construisirent un appareil actionné par un moteur à pétrole, à bord duquel ils réussirent des vols de plusieurs kilomètres.

Voulant tirer d'une invention aussi considérable le plus de bénéfices possibles, les frères Wright firent leurs expériences dans le plus grand secret, en présence d'un très petit nombre de témoins. Lorsque, ensuite, ils voulurent négocier leur découverte, sans montrer le fonctionnement de leur appareil, ils ne rencontrèrent partout que des incrédules à l'annonce des brillants résultats auxquels ils étaient arrivés.

Pendant plusieurs années, ils tinrent le monde en haleine, et lorsque, en août 1908, ils se décidèrent à faire la preuve de ce qu'ils avaient avancé, il était trop tard. En France, quelques passionnés de l'aviation avaient obtenu des résultats équivalents, et conquis, au milieu des efforts du monde entier, une place aussi glorieuse que celle des frères Wright, obligés désormais de partager avec les aviateurs français la gloire d'avoir construit les premières machines volantes.

Cela, du reste, n'enlève rien au mérite des uns et des autres. Nous insistons un peu sur ce point d'histoire, car, devant le succès des deux Américains, on a un peu oublié nos compatriotes.

Les travaux des uns et des autres furent la suite de ceux de Lilienthal et de M. Chanute. Devant surmonter les mêmes difficultés, ils furent naturellement orientés vers des solutions analogues, présentant des parties communes.

Parmi ces hardis pionniers de la conquête de l'air, nous devons citer, en premier lieu, le colonel Renard, dont les magnifiques théories viennent de recevoir une éclatante confirmation ; puis le capitaine Ferber, MM. Archdeacon, Voisin, Blériot, Vuïa, Tatin, Kapferer et tant d'autres, dont les recherches furent des plus remarquables.

Alliant le calcul à l'expérience, M. Archdeacon d'un

côté, le capitaine Ferber de l'autre, firent toute une série d'études méthodiques de la question. Suivant l'exemple de Lilienthal, à bord d'appareils variés, ils exécutèrent de nombreuses glissades aériennes. Pour plus de sécurité, le capitaine Ferber fit construire une immense colonne supportant, à sa partie supérieure,

Fig. 3. — Les premiers vols du capitaine Ferber.

un grand fléau, auquel on accrocha les appareils à essayer.

Les résultats de ces recherches lui permirent de faire enfin une théorie élémentaire des machines volantes, d'où sont sortis les aéroplanes actuels.

Toutefois, c'est à M. Santos-Dumont qu'était réservé l'honneur d'accomplir, le premier, officiellement, non plus quelques bonds, mais un véritable vol. En juillet 1906, il suspendit un aéroplane à un de ses anciens dirigeables remorqué par des chevaux ; mais la faible vitesse de ces derniers ne lui permit pas de faire des essais sérieux. C'est alors qu'il munit son appareil de

roues de bicyclette lui permettant de rouler sur le sol
avant de s'enlever.

Le 12 novembre 1906, après plusieurs essais de bon
augure, il effectuait, à quelques mètres au-dessus du
sol, un parcours aérien de 220 mètres.

Semblable à un gigantesque oiseau, son appareil,
constitué par de grandes cellules de toile, présentait
la forme d'un V très ouvert, de 12 mètres d'envergure ; à l'avant, une autre cellule susceptible d'être
inclinée dans tous les sens constituait le gouvernail
de profondeur et de direction ; l'aéroplane était propulsé par un moteur Antoinette de 24 chevaux actionnant une hélice en aluminium.

A partir de ce jour, l'aviation devait progresser à
pas de géant. M. Farman, en s'entraînant méthodique-
ment avec un appareil construit par les frères Voisin,
élèves de MM. Archdeacon et Ferber, parvient bientôt à égaler, puis tripler la distance parcourue par
M. Santos-Dumont. Au mois de janvier 1908, il gagne
le Grand Prix Deutsch-Archdeacon (1 kilomètre en cir-
cuit fermé), puis, quelques mois plus tard, le prix
Armengaud (1/4 d'heure dans l'atmosphère).

MM. Delagrange, Blériot, Esnault-Pelterie, etc., nous
font assister à de magnifiques exploits. C'est alors que
les frères Wright, craignant de perdre tout le béné-
fice de leur découverte, se décident à montrer leur
appareil, et exécutent les superbes vols du camp d'Auvours et de Fort-Myers.

Nous ne rappellerons pas toutes ces expériences qui
défraient encore la chronique des grands quotidiens.
Tout le monde les a suffisamment lues et relues pour
les connaître dans leurs moindres détails. Elles pro-
voquent chez tous les chercheurs une émulation sans
pareille. Chaque jour voit naître un nouvel aéroplane,
un nouveau moteur pour le propulser.

Tous nous promettent pour l'aviation le plus brillant avenir.

CHAPITRE II

THÉORIE
DE L'AÉROPLANE

LA RÉSISTANCE DE L'AIR

Prenons deux feuilles de papier identiques, froissons l'une d'elles pour en faire une boule, et laissons-les tomber toutes les deux de la même hauteur. Nous constatons que la feuille réduite en boule atteint le sol avant l'autre. Elles sont donc sollicitées dans leur chute par des forces d'inégales valeurs.

Comme elles ont même poids, il faut qu'une action étrangère à la pesanteur soit intervenue différemment sur chacune d'elles pour en modifier le mouvement.

Cette action provient de la présence de l'air. La feuille étendue, grâce à sa grande surface, prend appui sur les couches d'air, alors que la boule les écarte facilement, ce qui lui permet de prendre un mouvement plus rapide.

De cette simple expérience nous déduisons que le mouvement d'un corps dans l'atmosphère engendre une force qui s'oppose à son déplacement. On l'appelle la *résistance de l'air*.

Le fait est connu depuis longtemps ; mais c'est seulement au début du xviii° siècle qu'il a été étudié en détail. Newton, par des considérations théoriques, détermina les variations de la résistance de l'air sur une surface plane en mouvement.

Il put ainsi énoncer un certain nombre de lois qui sont encore enseignées en physique.

Des travaux plus récents ont montré que certaines de ces lois n'étaient pas vérifiées par l'expérience. Le cadre de ce livre ne nous permet pas d'entrer dans le détail et nous nous bornerons à indiquer les grandes lignes de la question, en insistant seulement sur les points qui nous serviront à la théorie de l'aéroplane.

Nous allons montrer comment la résistance de l'air s'exerce sur une surface plane, comment elle varie avec son inclinaison sur la direction du mouvement, avec son étendue et sa forme, enfin avec la vitesse de déplacement.

Toutes les personnes qui sont allées en automobile ont éprouvé aux grandes vitesses la sensation désagréable résultant du choc de l'air sur le visage. Pour y obvier, on place généralement une glace destinée à recevoir ce choc et par suite à en préserver les voyageurs.

Mais les chauffeurs savent parfaitement que sa présence devant une voiture découverte, a pour effet d'en réduire la vitesse. Le fait s'explique comme la chute des feuilles de papier dont nous avons parlé plus haut.

Lorsque la glace n'est pas placée devant la voiture, l'air frappe les voyageurs, mais passe facilement entre eux. Dès que la glace est installée, elle subit de la part de l'air une résistance comme la feuille de papier étendue que nous avions abandonnée horizontalement. Il en résulte une diminution de vitesse.

Pour analyser d'un peu plus près le phénomène, supposons que la glace ne soit pas solidement maintenue sur la voiture et proposons-nous de l'empêcher de tomber sous l'influence de la poussée de l'air. Il faudra pour cela exercer en son centre, dans le sens de la marche et suivant une direction perpendiculaire à son plan, une force que nous évaluerons en un certain nombre de kilos. Cette force faisant équilibre à la résistance de l'air lui est égale et dirigée en sens contraire.

Nous concluons donc : la résistance de l'air sur un plan orienté perpendiculairement à la direction de son mouvement se traduit par une force perpendiculaire à ce plan et dirigée en sens contraire du mouvement. Elle est appliquée au centre de cette surface, que nous appellerons, pour cette raison, centre de pression, ou centre de poussée.

Variation avec l'inclinaison

Inclinons maintenant la glace de l'automobile de façon à placer son bord supérieur en avant, la vitesse de la voiture augmente. La résistance de l'air se trouve donc diminuée.

Si comme précédemment nous déterminons le point, sur lequel il faut exercer une force pour faire équilibre à la poussée de l'air, nous trouvons qu'il se trouve placé entre le milieu et le bord avant de la glace.

Plus nous rapprochons la glace de la position horizontale, plus la valeur de la résistance de l'air diminue et plus son point d'application se rapproche du bord avant.

La direction de cette force demeure toujours perpendiculaire au plan de la glace.

Variations de la résistance de l'air avec l'étendue et la forme des surfaces.

Reprenons la voiture automobile qui nous a servi précédemment et augmentons les dimensions de la glace, nous constatons que la vitesse diminue. La résistance de l'air a donc augmenté.

Supposons que la surface de cette glace ait été doublée, et mesurons la force nécessaire pour équilibrer la poussée de l'air, elle est également doublée. Donc si nous multiplions l'étendue de la surface par un certain nombre, la résistance de l'air est multipliée par le même nombre. Nous dirons que la résistance de l'air est proportionnelle à l'étendue de la surface.

Ceci est exact pour une surface placée perpendiculairement à la direction de son déplacement.

S'il s'agit au contraire d'une surface inclinée très légèrement sur cette direction, ce que nous venons d'énoncer ne demeurera vrai, qu'à la condition de conserver dans chaque cas le même rapport pour les deux dimensions. Si par exemple la première glace avait 1 mètre de largeur et $0^m,75$ de hauteur, nous lui donnerions dans le deuxième cas 2 mètres de largeur et $1^m,50$ de hauteur.

Examinons le cas, de deux surfaces planes de même superficie, mais se présentant avec des dimensions transversales différentes.

Prenons par exemple un rectangle de carton très allongé. Soient 50 et 10 centimètres ses deux dimensions. Déplaçons-le dans l'air horizontalement et en ligne droite en lui conservant une inclinaison de quelques degrés que nous supposons invariable, son petit côté en avant. Mesurons la résistance de l'air dans ce cas.

Répétons l'expérience en plaçant le grand côté du carton en avant, mais conservant la vitesse et l'inclinaison du cas précédent.

Il semble que nous devons trouver la même valeur pour la résistance de l'air puisque la surface n'a pas changé. Or l'expérience prouve que dans le deuxième cas la résistance de l'air est plus grande.

Ce résultat qui à première vue semble bizarre peut s'expliquer de la façon suivante :

Pendant son déplacement horizontal, le carton prend appui sur l'air qui lèche sa face inférieure ; celui-ci

M. Santos-Dumont dans son vol de 220 mètres.

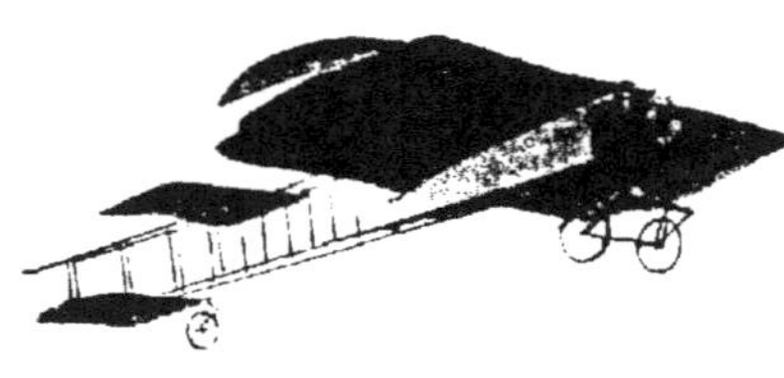

L'Aéroplane Blériot dans son voyage Toury Artenay et retour.

extrêmement mobile cherche à se dérober pour le
laisser passer.

Lorsque le carton se présente le petit côté en avant,
il déplace l'air latéralement et celui-ci s'enfuit tout le
long des grands côtés comme le montre la figure 4.

Lorsque le grand côté est en avant *(fig. 5)*, l'air des
extrémités peut s'enfuir immédiatement le long des

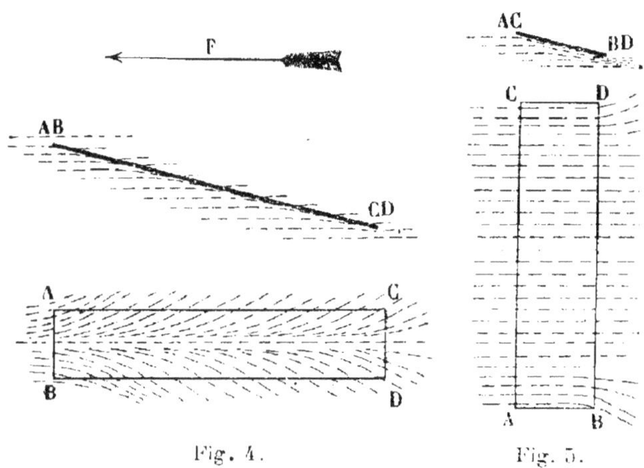

Fig. 4.   Fig. 5.

petits côtés, mais dans toute la partie médiane, à cause
de la largeur de la feuille il reste pris dessous, continue à la soutenir et ne s'échappe que lorsque toute
la feuille a passé. Dans les figures 4 et 5 nous avons
figuré en pointillé les déplacements que subissent les
filets d'air pendant le passage de la feuille de carton.
La flèche indique la direction du mouvement. A la
partie supérieure de chaque figure le plan est représenté vu par sa tranche. A la partie inférieure, nous
avons figuré le carton vu en se plaçant au-dessus.

La dimension perpendiculaire à la direction du mouvement s'appelle l'envergure.

Il résulte de ce qui précède que lorsque deux plans
de même superficie se déplacent avec la même vitesse

et sous la même inclinaison, celui de plus grande envergure subit de la part de l'air une plus grande résistance.

Cette remarque s'applique immédiatement à la construction des aéroplanes. Leurs surfaces portantes qu'on appelle aussi surfaces sustentatrices, auront dans le sens du mouvement une dimension beaucoup plus réduite que dans le sens transversal. Les ailes des oiseaux présentent également cette forme.

Variation de la résistance de l'air avec la vitesse de déplacement.

Dans tout ce qui précède, nous avons supposé que toutes les surfaces étudiées étaient animées d'une vitesse constante.

Supposons que nous reprenions la voiture automobile et que, sans rien changer à la glace, nous donnions à la voiture une vitesse double. Mesurons encore la valeur de la résistance de l'air, nous trouvons qu'elle est quatre fois plus grande.

Multiplions la vitesse par 3, la résistance de l'air est multipliée par $3 \times 3 = 9$.

Nous dirons que la résistance de l'air varie comme le carré de la vitesse.

Surfaces incurvées.

Dans l'étude précédente, nous avons examiné le déplacement de surfaces planes. En fait, les aéroplanes emploient des surfaces légèrement incurvées dans le sens de la marche, leur creux étant dirigé vers le bas. On dit qu'elles tournent leur concavité vers le bas.

Les remarques précédentes s'appliquent encore dans le cas du déplacement de pareilles surfaces :

La résistance de l'air est dirigée perpendiculairement, et appliquée en un point d'autant plus rapproché du bord avant, que l'inclinaison de la surface sur la direction du mouvement est plus faible.

Les lois relatives à l'étendue de la surface et à la vitesse de déplacement demeurent également vraies.

Mais la valeur de la résistance de l'air sur une surface incurvée est plus grande que pour une surface plane. Pour nous en convaincre, il suffit de reprendre le carton que nous avons utilisé précédemment.

Donnons-lui une légère courbure en plaçant le bord arrière plus bas que le bord avant, et déplaçons-le comme précédemment. On conçoit facilement que les filets d'air vont venir lécher la surface inférieure du carton et changer constamment de direction, pour venir finalement sortir par le bord arrière. De ce fait, l'air frottera plus fortement sur la surface que lorsqu'elle était plane. Il la soutiendra davantage et la résistance de l'air sera plus grande.

Ce fait, connu depuis longtemps, explique la forme des parachutes.

Dans ce qui suivra, nous représenterons les surfaces portantes des dessins théoriques par des plans ; nous savons que la théorie restera la même. L'emploi de surfaces incurvées aura simplement pour effet d'augmenter la résistance de l'air.

RÉSUMÉ. — *Si nous rassemblons les conclusions tirées des diverses expériences précédentes, nous pourrons dire :*

1° Le déplacement d'une surface plane dans l'air fait naître une force que nous appelons la résistance de l'air.

Cette force est dirigée suivant une perpendiculaire au plan qui se déplace et dans le sens opposé à la marche.

Elle est appliquée au centre de la surface, lorsque celle-ci est perpendiculaire à la direction du mouvement.

Lorsque la surface est inclinée, le point d'appli-

*cation de la résistance de l'air, ou centre de poussée,
est placé entre le milieu et le bord avant de la surface. Ce point se rapproche d'autant plus du bord
antérieur que le plan est moins incliné sur la direction du mouvement.*

*Le grandeur de cette force diminue en même temps
que l'inclinaison du plan ;*

*2° La résistance de l'air sur deux surfaces de même
forme se déplaçant dans les mêmes conditions, est proportionnelle à leur étendue.*

*Pour des surfaces de formes différentes, il faut tenir
compte de l'envergure.*

*De deux surfaces équivalentes, celle de plus grande
envergure subit la plus forte résistance ;*

*3° La résistance de l'air varie comme le carré de la
vitesse de déplacement.*

*Les mêmes conclusions s'appliquent au déplacement
d'une surface légèrement incurvée rencontrant l'air
par sa concavité supposée tournée vers le bas.*

Il nous reste, pour compléter, à indiquer la valeur
en kilogrammes de cette résistance de l'air dont nous
venons d'étudier les variations. De nombreuses recherches ont été faites à ce sujet. Les plus récentes sont
celles du colonel Ch. Renard, et de MM. Canovetti et
Eiffel. Elles ont montré que la valeur de la résistance
de l'air sur un plan de 1 mètre carré se déplaçant à
la vitesse de 1 mètre par seconde, en restant perpendiculaire à la direction de son mouvement, est de 70
à 80 grammes.

Le capitaine Ferber a montré que la résistance de
l'air sur un plan qui se déplace presque tangentielle-
ment à sa trajectoire, a la même valeur.

Dans son livre « les Eléments d'aviation », M. Tatin
explique ce fait pour un plan incliné de 6°, présentant une envergure égale à 5 ou 6 fois sa dimension
dans le sens de marche et animé d'une vitesse de
1 mètre par seconde. Le calcul basé sur les lois de

la résistance de l'air lui permet de conclure que la poussée doit être de 70 grammes par mètre carré.

Appliquons ces nombres au calcul de la surface portante d'un aéroplane se déplaçant avec une inclinaison de 6°, à la vitesse de 60 kilomètres à l'heure, soit

$$\frac{60.000 \text{ mètres}}{3.600 \text{ secondes}} = 16^m,66 \text{ par seconde}$$

En appliquant la loi du carré de la vitesse, nous trouvons que la résistance de l'air sur 1 mètre carré de cette surface a pour valeur

$$0^k,070 \times \overline{16^m,66}^2 = 19^{kgs},430$$

Nous en déduisons la surface portante nécessaire à un aéroplane pesant en ordre de marche un poids total de 500 kilogrammes

$$\frac{500}{19,430} = 25^{m2},73$$

Par conséquent, il faudra en chiffres ronds 26 mètres carrés de surface portante à un aéroplane pesant 500 kilogrammes et marchant à 60 kilomètres à l'heure.

Nota. — Pour les lecteurs désireux d'avoir des renseignements plus précis, rappelons les formules de la résistance de l'air.

Soit S en mètres carrés la surface d'un plan de forme carrée se déplaçant suivant une direction perpendiculaire à son plan. V, sa vitesse en mètres par seconde.

La résistance de l'air s'exprime alors par :

$$R_{90} = KSV^2$$

Les expériences de M. Eiffel ont montré que K a une valeur moyenne de $0^{kg},074$, la formule donnant R_{90} en kilogrammes.

La valeur du coefficient K n'est pas constante, elle passe par un minimum pour V = 33 mètres à la seconde.

Ce coefficient K croît avec la surface et avec le périmètre.

Si l'on désigne par i l'inclinaison du plan sur la direction de son

ÉQUILIBRE DU CERF-VOLANT

Les principes que nous venons d'exposer permettent d'expliquer comment un corps plus lourd que l'air peut se mouvoir dans l'atmosphère sans tomber.

Dans le but de rendre plus claire cette étude, nous allons dire quelques mots de la représentation graphique des forces.

Soit un corps représenté en M *(fig. 6)* auquel sont attachées deux cordes. Un homme exerce sur la première, dans la direction OX, un effort de 20 kilogrammes. Un autre agit sur la deuxième, suivant OY, avec une force de 30 kilogrammes. Portons sur OX

---

mouvement la valeur de la résistance de l'air devient pour i compris entre 0 et 30°.

$$R_i = R_{90} \times \frac{\sin i}{\sin 30°} = R_{90} \times 2 \sin i$$

Entre 30 et 90° on a $R_i = R_{90}$.

Ces formules ne tiennent pas compte de l'envergure du plan en mouvement, M. Soreau a établi une formule plus compliquée dans laquelle on fait figurer le rapport des deux dimensions.

Soient l l'envergure et h l'autre dimension du plan, posons :

$$\frac{l-h}{l+h} = m$$

on a :

$$\frac{R_i}{R_{90}} = \sin i \left[1 + \frac{1 - m \, tg \, i}{\frac{1}{(1+m)^2} + \frac{2m}{1+m} \, tg \, i + 2 \, tg^2 \, i} \right]$$

Si dans cette formule on fait $m = o$, cas d'un plan de forme carrée, on retrouve la formule de Duchemin.

$$\frac{R_i}{R_{90}} = \frac{2 \sin i}{1 + \sin^2 i}$$

Dans le cas d'une surface incurvée, la résistance de l'air se trouve multipliée par un cœfficient qui peut atteindre 1,5.

une longueur OA = 20 centimètres, et sur OY une longueur OB = 30 centimètres. Nous aurons représenté graphiquement les deux forces qui agissent sur le corps M, et une longueur de 1 centimètre mesurée sur le dessin représentera une force de 1 kilogramme.

Par les points B et A, menons des parallèles à OX et OY, elles se coupent en C. Mesurons OC en centimètres, nous trouvons par exemple OC = 45 centimètres. Donc à l'échelle adoptée, OC représente une force de 45 kilogrammes.

Si nous plaçions une troisième corde sur le corps M et que nous la dirigions dans le prolongement de OC, mais de l'autre côté du point O, un homme tirant dessus avec une force de 45 kilogrammes ferait équilibre aux deux autres.

Donc la force OC produit le même effet que les deux forces OA et OB réunies.

Réciproquement, si nous avons une force OC agissant sur un corps nous pouvons la décomposer suivant les directions OX et OY, en deux autres OA et OB par la construction inverse.

C'est ce qu'on appelle en mécanique la *règle du parallélogramme des forces*. La force OC s'appelle la *résultante* des forces OA et OB. Ces dernières se nomment les *composantes* de OC.

Appliquons ceci à l'équilibre du cerf-volant. Représentons-le vu par sa tranche AB, son plan étant perpendiculaire à celui de la figure 7. Pour plus de simplicité, supposons la ficelle attachée au milieu O du panneau. Le cerf-volant pèse par exemple 1 kilogramme. Nous représentons ce poids par une longueur OP suivant la convention précédente. Cette force P est dirigée vers le bas suivant la direction du fil à plomb.

D'autre part le vent exerce sur la surface AB une pression qui se mesurera également par un nombre déterminé de kilogrammes. Elle est dirigée perpendiculairement au plan AB et appliquée au centre de poussée, comme nous l'avons vu à propos des lois de la résistance de l'air.

Supposons que ce centre de poussée soit O et représentons cette force par OR.

Enfin une troisième force agit sur l'appareil, c'est la tension de la ficelle qui le retient au sol. Représentons-la en OT'.

En appliquant la règle du parallélogramme énoncée plus haut, nous pouvons remplacer la force R par deux autres V verticale et T dans le prolongement de OT'.

Nous avons ainsi remplacé les trois forces qui agissaient sur le cerf-volant par l'ensemble de quatre forces P, V, et T. T', sans rien changer au système.

La force V est opposée au poids P du corps, elle combat son influence et tend à soulever le cerf-volant.

Si la poussée du vent est assez forte, la composante verticale V devient plus grande que le poids P de l'appareil et celui-ci se soulève. Ceci l'oblige à porter un poids plus grand de ficelle. En même temps l'appareil prend une position moins inclinée sur l'horizon, ce qui diminue R et par suite V.

L'effet de la montée du cerf-volant étant d'augmenter P et de diminuer V, il arrive un moment où ces deux forces deviennent égales. En même temps la force T est détruite par OT' tension exercée sur la ficelle par l'enfant qui la tient et l'appareil demeure immobile.

Si le vent souffle plus fort. R augmente, V également et l'appareil remonte jusqu'à ce qu'il retrouve une nouvelle position d'équilibre pour laquelle V = P et T' = T.

Inversement la diminution du vent a pour effet de faire descendre l'appareil.

Quelques mots suffisent pour passer de là au principe de l'aéroplane.

Lorsque le vent ne souffle pas, l'enfant court à toutes jambes pour engendrer le vent qui lui manque. La résistance de l'air au mouvement va créer sur le cerf-volant une force R. Si précédemment le vent soufflait à la vitesse de 20 kilomètres à l'heure et que maintenant l'enfant donne cette même vitesse au cerf-volant, la valeur de R sera la même et l'appareil en se déplaçant restera à une hauteur égale à celle du cas précédent.

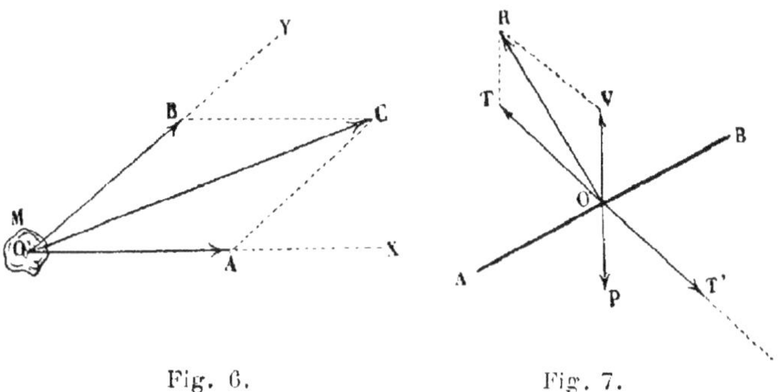

<table>
<tr><td>Fig. 6.</td><td>Fig. 7.</td></tr>
</table>

Plus la course de l'enfant sera rapide, plus R et V augmenteront, et plus grande sera la hauteur atteinte par le cerf-volant.

L'aéroplane sera constitué comme ce cerf-volant, mais pour lui donner la vitesse dont il a besoin pour se tenir en l'air, nous le munirons d'une hélice actionnée par un moteur. Cette hélice remplaçant l'enfant, entraîne l'appareil avec une certaine force que l'on appelle effort de traction ; elle constitue l'organe de propulsion de l'aéroplane.

PRINCIPE DE L'AÉROPLANE

Revenons avec un peu plus de détail sur le principe de l'aéroplane. Supposons l'appareil réduit à une surface plane AB que nous représentons vue par la tranche *(fig. 8)*. Imaginons que ce plan puisse rouler librement sur un sol parfaitement uni, en conservant son inclinaison sur l'horizontale.

Désignons par T l'effort de traction que produit l'hélice. Sous l'influence de cette force, l'appareil primitivement au repos, se met en marche. La résistance de l'air se développe sur le plan AB. Nous savons que c'est une force dirigée perpendiculairement à ce plan. Représentons-la en OR. Nous pouvons la décomposer en deux autres, l'une verticale OV et l'autre horizontale OH. La force OR est d'abord faible ainsi que ses compo-

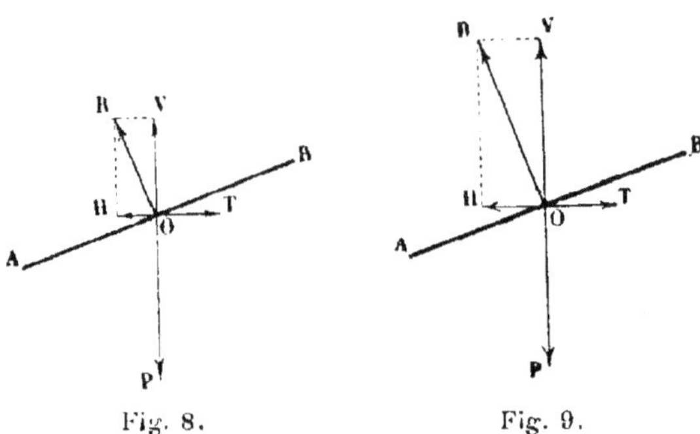

Fig. 8.

Fig. 9.

santes. Mais si l'appareil possède un moteur et une hélice convenables, la vitesse s'accélère rapidement. La force R qui croit comme le carré de la vitesse augmente et avec elle sa composante verticale V. Il arrive un moment où cette composante V devient supérieure au poids P de l'appareil, celui-ci s'enlève (fig. 9).

L'appareil soumis à l'effort de propulsion de l'hélice continue à monter dans l'air. Lorsqu'il a atteint une hauteur suffisante, l'aviateur par l'intermédiaire du gouvernail de profondeur que nous décrirons plus loin, modifie l'inclinaison de l'appareil. Nous savons qu'il en résulte une variation de la valeur de R. On conçoit qu'on puisse par ce procédé lui donner une valeur telle que V égale le poids P. L'aéroplane n'étant plus soumis à aucune force verticale vers le bas ou vers le haut, se déplace horizontalement.

L'augmentation de R avec la vitesse a permis à V

d'équilibrer le poids de l'appareil. Mais en même temps la composante horizontale H de R a augmenté. Cette force est opposée à l'effort de traction de l'hélice et une partie du travail moteur est utilisée pour la vaincre. Cette force H est la résistance à l'avancement de l'aéroplane.

Nous concluons donc que deux conditions sont nécessaires pour permettre le vol de l'aéroplane suivant une direction horizontale, avec une vitesse constante.

Il faut que :

1° La composante verticale V de la résistance de l'air soit égale au poids ;

2° L'effort de traction de l'hélice soit égal à la résistance à l'avancement.

PRINCIPES DE CONSTRUCTION
D'UN AÉROPLANE

La considération de ces deux conditions ainsi que les conclusions de l'étude sur la résistance de l'air, nous permettent de déterminer les éléments d'un aéroplane.

Quelle inclinaison faut-il donner aux plans sustentateurs ?

Nous pourrions être tenté de prendre un angle très grand. Ceci aurait pour effet d'augmenter la résistance de l'air, mais nous aurions en même temps une composante horizontale H très grande, ce qui nécessiterait une plus grande puissance pour le moteur.

Aussi on préfère choisir une inclinaison du plan sustentateur faible, voisine de 5 degrés. La valeur de la résistance de l'air se trouve ainsi moins grande, mais sa direction est voisine de la verticale, par suite sa composante horizontale qui constitue la résistance à l'avancement est très faible, alors que sa composante verticale a une valeur très voisine de la force elle-même. Dans ces conditions la résistance de l'air est presque entièrement utilisée à soulever l'appareil.

L'angle d'inclinaison du plan portant sur la direction du mouvement s'appelle angle d'incidence pendant la marche, ou angle de route. Au moment du départ sur le sol cet angle peut être différent, nous pouvons l'appeler angle de départ.

L'angle d'incidence étant choisi, nous disposons encore de la vitesse, de l'étendue et de la forme des surfaces portantes. La résistance de l'air augmentant comme le carré de la vitesse, nous avons intérêt à établir un appareil rapide car il aura besoin d'une moins grande surface sustentatrice.

M. Talin fait remarquer dans ses « Eléments d'aviation » que même aux grandes vitesses, on ne pourra employer des surfaces trop petites. Il faut, en effet, prévoir le cas d'arrêt du moteur, et il est de toute nécessité que l'atterrissage qui en résultera ne puisse devenir une chute. Pour ces raisons M. Talin indique 20 kilos comme limite du poids porté par mètre carré de surface. Nous pensons que cette restriction établie pour la sécurité des voyageurs, n'a rien d'absolu et se trouvera levée, lorsqu'on aura trouvé un dispositif faisant office de parachute, et permettant en cas de panne du moteur, de rester maître de la vitesse de descente. Rien ne s'oppose à la recherche d'un tel appareil de secours.

Enfin, ayant déterminé l'inclinaison et la vitesse, nous en déduirons l'étendue de la surface. Celle-ci sera de grande envergure : on prend généralement comme rapport des deux dimensions du plan sustenteur un nombre compris entre 5 et 6.

Dans l'étude précédente nous avons supposé l'aéroplane réduit à un plan. En fait l'appareil comporte une série d'accessoires nécessités par la construction : montants, haubans, etc. La résistance de l'air s'exerce sur eux, ainsi que sur les voyageurs, ce qui augmente la résistance à l'avancement et par suite l'effort de traction nécessaire. On doit donc étudier l'agencement de tout le système pour diminuer cette résistance, ce qui est possible par une disposition convenable des organes. C'est ainsi que dans l'appareil de M. Farman l'aviateur et le moteur sont placés derrière un coupe-vent en toile, analogue au bec des locomotives du P.-L.-M.

En résumé, la résistance que l'air oppose à l'avancement de l'appareil et que le moteur doit vaincre, comprend deux parties : 1° la force horizontale H, provenant de la résistance R sur les plans sustenteurs, résistance que nous devons créer pour soulever l'appareil; 2° la résistance sur l'ensemble des organes nécessités par la construction (haubans, armatures), ou la manœuvre (aviateur, moteur, etc.). Ces deux résistances correspondent respectivement au travail de suspension et de translation.

La vitesse étant choisie, le premier ne dépend que du poids de l'appareil, alors que le second est tributaire de sa forme. On doit donc chercher non seulement à alléger l'appareil, mais encore à étudier sa construction en vue d'une facile pénétration dans l'air, ce qui permet de réduire la puissance du moteur. Cette dernière condition n'est pas toujours réalisée dans les aéroplanes actuels, les débutants étant surtout préoccupés de s'enlever.

MONTÉE ET DESCENTE
GOUVERNAIL DE PROFONDEUR
STABILITÉ LONGITUDINALE

Nous avons vu qu'après avoir atteint une hauteur suffisante l'aéroplane qui vient de prendre son essor,

a besoin de reprendre sa marche suivant une direction
horizontale. Dans ce but, on le munit d'un gouvernail
de profondeur appelé aussi équilibreur. C'est un
organe permettant à l'appareil de monter ou de descendre à volonté.

Le schéma de la figure 10 montre comment ceci est
obtenu. En avant du plan sustentateur AB, plaçons un
plan A'B' de dimensions moindres, mobile autour de
l'axe horizontal Q perpendiculaire à la direction de la
marche.

Supposons le gouvernail A'B' orienté de telle façon

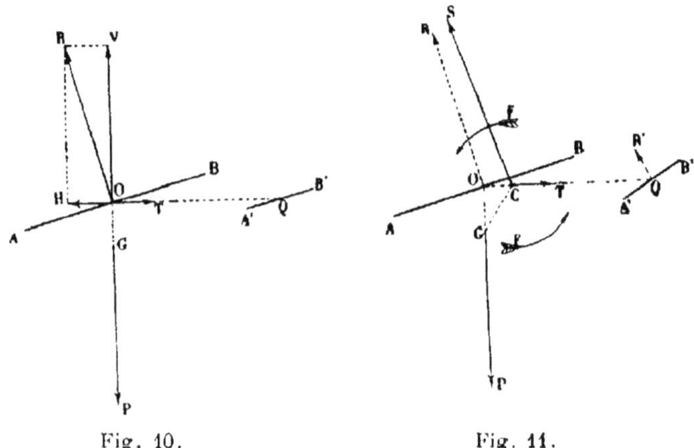

Fig. 10.Fig. 11.

que l'appareil se déplace horizontalement. Figurons
en R la résultante de la résistance de l'air sur l'ensemble de l'appareil. Décomposons-la suivant les directions
verticale et horizontale. Soient V et H ses composantes.
Si nous supposons le mouvement rectiligne et uniforme, V est égale au poids P de l'appareil et H est
égale à l'effort de traction T.

Augmentons l'inclinaison du gouvernail A'B' sur
la direction de la marche *(fig. 11)*, la résistance de
l'air sur la surface qui constitue ce gouvernail aug-

mente. Figurons par R' l'augmentation de résistance.
L'appareil est maintenant soumis aux deux forces
R, R' que nous pouvons composer en une seule repré-
sentée en S, placée en avant de R.

Cette force S et le poids n'étant plus dans le prolongement l'une de l'autre, tendent à faire tourner
l'appareil dans le sens de la flèche F. L'inclinaison
va changer ; il en résulte une modification dans la
valeur de la résistance de l'air et une nouvelle orientation s'établit, correspondant au centre de poussée

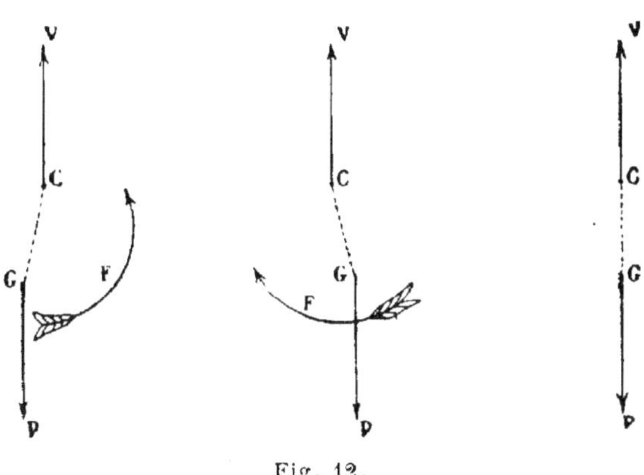

Fig. 12.

placé sur la verticale du centre de gravité. L'avant de
l'appareil dans cette nouvelle situation est relevé et
l'appareil se déplace en montant.

Une manœuvre convenable du gouvernail permettra de reprendre la direction de marche horizontale
qui correspond à la figure 10.

Une manœuvre inverse du gouvernail permettra à
l'aéroplane de descendre.

Dans tout ce qui précède, nous avons supposé l'air
parfaitement calme et la poussée résultant uniquement de la vitesse de l'appareil. En fait, il n'en est
jamais ainsi, l'atmosphère est le siège de courants

aériens très variables en intensité et en direction, amenant la production de remous.

Il en résulte des variations continuelles dans la valeur de la force R. Si nous ne touchons pas au gouvernail A'B', le vent, soufflant obliquement sur l'appareil, va se combiner avec la résistance de l'air due à l'avancement. Représentons par S la force résultante *(fig. 11)*. Si elle est en avant du centre de gravité, l'appareil tend à se cabrer. Si le vent souffle dans un sens opposé, cette force S passe en arrière et l'appareil pique du nez.

Les figures 12 représentent les mouvements de rotation qui se produisent dans chacun de ces cas.

Il en résulte un certain mouvement de tangage que le pilote doit corriger avec le gouvernail de profondeur. Ceci l'oblige à une attention continuelle qui augmente la difficulté de conduite de l'appareil.

On peut y remédier par l'emploi d'une queue stabilisatrice qui rend cet équilibre automatique *(fig. 13)*.

Supposons qu'à l'arrière de l'appareil précédent nous placions une queue MN constituée par une surface plane analogue au plan sustenteur, mais de plus petites dimensions, cette queue, pendant la marche horizontale étant orientée suivant la direction du mouvement. Si, par suite d'une modification dans la poussée du vent, l'appareil tend à se cabrer, il en résulte une rotation de tout l'appareil, et la queue MN se déplace vers le bas. La résistance de l'air se développe aussitôt sur la partie inférieure de sa surface ; représentons-la par la force U dirigée vers le haut perpendiculairement au plan MN. Cette force agit dans le sens contraire à celui du mouvement de rotation que tend à produire la force S ; elle s'oppose donc à la variation d'inclinaison que le vent aurait donnée à l'appareil.

Inversement, si la force S s'était déplacée vers l'arrière, la rotation tendrait à abaisser l'avant, et c'est la face supérieure de la queue MN qui, en se dépla-

Cliché de la *France Automobile et Aérienne.*

L'Aéroplane Esnault-Pelterie.

L'Aéroplane de Pischoff-Kœchlin.

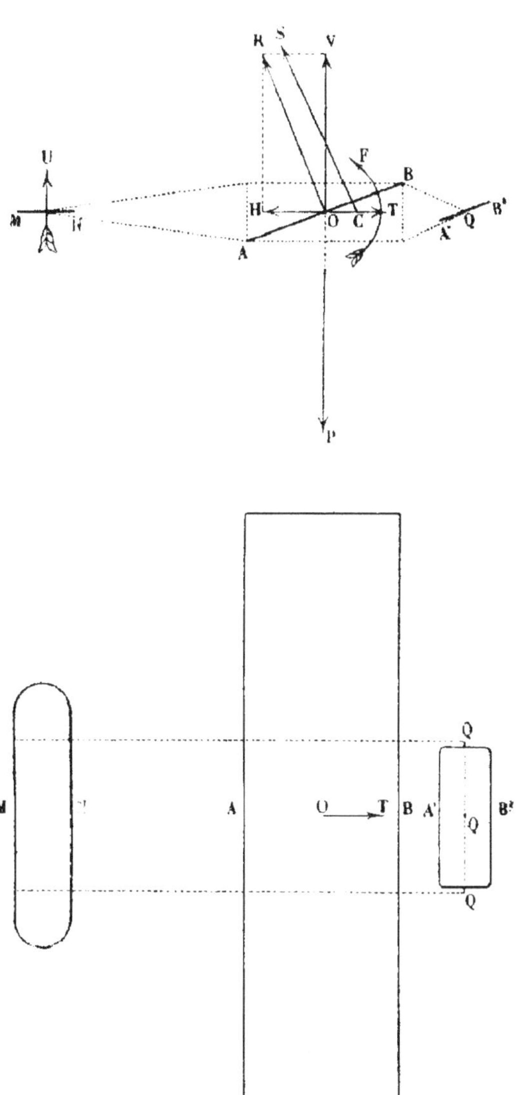

Fig. 13. — Élévation et plan schématiques d'un aéroplane
AB, surface sustentatrice ;
A'B' gouvernail de profondeur ; MN, queue stabilisatrice.

çant vers le haut, prendra appui sur l'air. La résistance de l'air sera dirigée vers le bas et tendra encore à redresser l'appareil.

VIRAGES — GOUVERNAIL DE DIRECTION LATÉRALE STABILITÉ TRANSVERSALE

La direction latérale est assurée au moyen d'un gouvernail analogue à celui des bateaux. Il est constitué par un plan AC mobile autour d'un axe vertical projeté en A *(fig. 14)*. Pour que son action puisse être efficace, il faut le compléter par un plan vertical DE placé en un point quelconque de l'appareil. Quelquefois, ce plan n'existe pas, mais il est alors remplacé par les parois latérales du corps de l'appareil, qui jouent le même rôle que la quille du bateau.

Amenons le gouvernail AB dans la position AC. Le mouvement s'effectuant dans la direction de l'effort de traction T, la face avant de AC subit de la part de l'air une résistance qui se traduit par la force R perpendiculaire au plan AC. Son effet sera d'entraîner tout l'appareil vers la gauche, mais, dans ce mouvement, le plan ED, rencontrant l'air par sa face de gauche, subira une résistance S. Sous l'action des deux forces S et R agissant en sens contraire, l'appareil tourne vers la droite. Lorsque son orientation sera celle que nous voulons lui donner, il suffira de redresser le gouvernail pour reprendre la marche en ligne droite.

Les choses se passent ainsi pour un bateau, mais dans l'air le virage de l'aéroplane, malgré ce gouvernail, ne se fera pas aussi facilement. L'action de la force centrifuge va amener une complication.

Pour bien faire comprendre ce qui arrivera pendant
le virage, rappelons une expérience que tout le monde
peut faire chaque jour. Lorsque nous nous tenons
debout sur un tramway, au moment où celui-ci passe

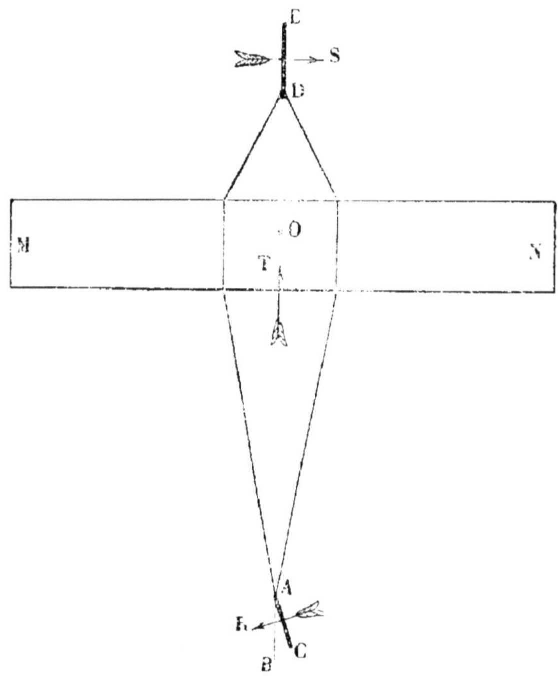

Fig. 14.

dans une courbe, nous sommes projetés assez vio-
lemment sur les parois de la voiture situées du côté
opposé au centre de la courbe décrite. Ceci tient à la
force centrifuge qui s'exerce sur le tramway et les
voyageurs. Mais alors que celui-ci est maintenu sur
la courbe par les rails, les voyageurs, s'ils ne se tiennent pas à la voiture, n'ont d'autre point d'appui que
leurs pieds, et la force centrifuge agissant sur la par-

tie supérieure de leur corps, les entraîne vers l'extérieur. Ce déplacement a pour effet de créer une résistance de l'air opposée à leur mouvement, mais elle n'a pas une valeur suffisante pour les empêcher d'être déplacés.

La même chose aura lieu avec l'aéroplane. Dès que, sous l'action du gouvernail, l'appareil prendra son virage, la force centrifuge agira sur lui pour l'entraîner vers l'extérieur. Comme l'appareil oppose peu de résistance au déplacement transversal, il obéira à l'action centrifuge, et nous ne pourrions faire un virage court *(fig. 15)*.

Nous pouvons cependant, par un artifice, réussir un virage suivant une courbe de petit rayon. Pour

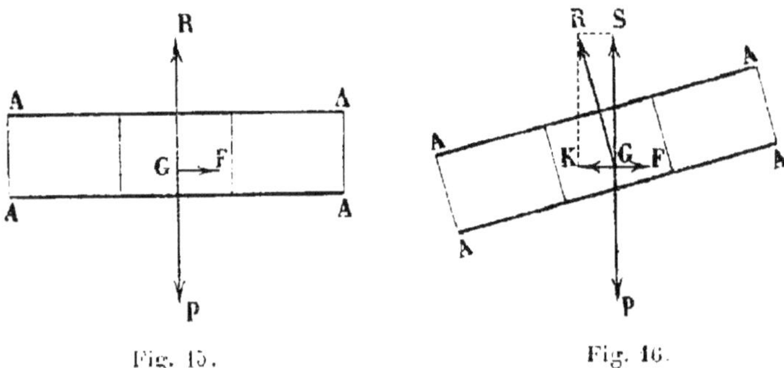

Fig. 15.

Fig. 16.

cela, nous opérerons comme le cycliste qui s'incline vers l'intérieur de la piste, lorsqu'il veut tourner.

Étudions ce qui va arriver. L'appareil étant incliné, la poussée de l'air R dirigée perpendiculairement aux surfaces portantes le sera aussi. Décomposons-la en deux forces, l'une verticale S qui équilibre le poids, et l'autre K opposée à la force centrifuge F, dirigée horizontalement. Cette force horizontale augmente avec l'inclinaison de l'appareil, et l'on conçoit que, pour une inclinaison convenable, elle sera égale à la force centrifuge *(fig. 16)*. Le virage pourra s'effectuer sans difficulté sous l'action du gouvernail.

Nous voyons donc l'intérêt que présentera un appareil capable de s'incliner à volonté à droite ou à gauche. Cette faculté lui sera d'ailleurs d'une aussi grande utilité, pour assurer sa stabilité transversale pendant la marche en ligne droite.

Il ne faut pas perdre de vue en effet que dans l'atmosphère existent des courants aériens irréguliers. A un moment, le vent peut souffler plus fort sur l'aile droite que sur la gauche, et par exemple la soulever. Si l'aviateur peut agir sur son appareil pour redresser l'aile qui penche, sa marche sera beaucoup plus sûre.

Un premier moyen consisterait à avoir un poids mobile suivant une direction transversale à l'appareil, mais ce procédé, qui alourdirait l'aéroplane, n'est pas employé.

On préfère utiliser la résistance de l'air pour obtenir cette stabilité transversale. Deux solutions ingénieuses de la question sont actuellement employées. L'une dite « gauchissement des ailes » sert dans l'appareil des frères Wright. L'autre, basée sur l'emploi d'ailerons aux extrémités des ailes est due à M. Blériot. Toutes les deux consistent à créer des résistances de l'air différentes aux extrémités des ailes. Ces dispositifs seront étudiés en détail avec chacun de ces appareils.

PROPULSION — HÉLICE

L'effort de traction, nécessaire pour assurer la marche de l'aéroplane, est fourni par une hélice actionnée par un moteur.

Comme dans les navires, cette hélice transforme le

mouvement de rotation du moteur en un mouvement de progression dans le sens de son axe.

Elle travaille dans l'air à la façon d'une vis, ou mieux d'un tire-bouchon. Lorsqu'on donne à ce dernier un mouvement de rotation, ses spires prennent appui sur le liège en le refoulant pour se faire place, et elles peuvent ainsi progresser.

De même pour l'hélice, les branches animées d'un mouvement de rotation écartent l'air pour se faire place, en même temps que leur surface, se comportant comme un plan incliné, se trouve soumise à la résistance de l'air. L'ensemble des poussées de l'air sur les deux branches se traduit par une force dirigée suivant l'axe de rotation ; c'est elle que nous utilisons pour produire le mouvement de l'aéroplane.

Nous avons vu, à propos du mouvement du plan incliné, que la poussée de l'air sur lui dépend de son inclinaison sur la direction du mouvement. Il en sera de même pour les ailes ou pales de l'hélice. La détermination de leur inclinaison a une grande influence sur la valeur de l'effort qu'elle pourra nous donner.

Pour nous rendre compte de la meilleure hélice à employer sur un aéroplane donné, il nous faut envisager son rendement. Nous avons à distinguer le rendement de construction et le rendement d'utilisation.

Prenons une hélice dont le pas est de 1 mètre, c'est-à-dire que si on la vissait dans un écrou solide, elle avancerait de 1 mètre par tour. Supposons qu'elle soit actionnée par un moteur de 1 cheval.

Mettons l'hélice en marche et mesurons l'effort de poussée qu'elle donne suivant son axe, soit 11 kilogrammes. Si l'hélice a fait 6 tours par seconde, comme son pas est de 1 mètre, elle aurait dû avancer de 6 mètres. En fait elle n'a pas bougé, mais a refoulé son point d'application sur une longueur de 6 mètres ce qui revient au même.

Nous savons que le travail d'une force qui déplace son point d'application dans sa direction, est égal au produit du chemin parcouru exprimé en mètres, par la valeur de la force exprimée en kilogrammes. L'hélice a donc fourni un travail de

$$11^{kgs} \times 6^{m} = 66 \text{ kilogrammètres}$$

Or le cheval-vapeur vaut 75 kilogrammètres (1 kilogrammètre est le travail d'une force de 1 kilogramme qui déplace son point d'application de 1 mètre).

Le rendement de l'hélice est :

$$\frac{66}{75} = 88 \text{ °/}_{0}$$

Ce rendement est très variable suivant la perfection de la construction. Il dépend des nombreuses résistances qui interviennent : résistance due à l'inclinaison des branches sur leur trajectoire, à l'épaisseur des ailes, à la plus ou moins grande rugosité de leurs surfaces. Pour obtenir un rendement élevé, on réduit autant que possible ces résistances par une étude des formes des ailes et par l'emploi de surfaces polies (bois ou métal).

Au point de vue de l'emploi de l'hélice sur l'aéroplane, nous devons envisager le rendement d'utilisation.

Nous avons vu précédemment que si l'hélice se vissait dans un écrou solide, elle avancerait par tour d'une quantité égale à son pas. Dans l'air, il n'en est plus de même ; pour le bien faire comprendre nous procéderons par analogie avec l'eau.

Plaçons-nous dans un canot, prenons une rame à pleines mains et plaçons son extrémité dans l'eau. Déplaçons cette rame comme si nous voulions balayer l'eau. Le canot avance dans le sens opposé à celui où nous poussons la rame. L'eau sert de point d'appui à la rame et nous obtenons un déplacement analogue à celui qui aurait lieu si la rame s'appuyait sur le fond solide de la rivière. Toutefois une différence notable se constate, la vitesse est beaucoup moindre dans le premier cas que dans le second.

Ce fait s'explique facilement. L'eau est douée d'une grande mobilité, elle offre un point d'appui défectueux, et sous la poussée de la rame, elle fuit : en même temps que le bateau se déplace dans un sens, la rame se déplace dans le sens opposé.

Si au contraire la rame s'appuie sur une surface solide, c'est seulement le canot qui se déplace.

Le mouvement de l'hélice dans l'air présente une particularité analogue. Ses ailes travaillent à la façon des plans inclinés dont nous avons étudié le déplacement. Mais l'air très mobile fuit sous la surface de l'aile, de sorte que, après un tour, l'avancement sera inférieur au pas. La différence s'appelle recul de l'hélice.

Plus l'appareil sera difficile à faire avancer, plus l'air tendra à se dérober, et plus le recul sera grand. L'hélice au lieu d'avancer se comportera comme les ventilateurs que nous voyons dans les cafés et refoulera l'air environnant. Ce n'est pas ce que nous voulons sur l'aéroplane qui doit se déplacer à grande vitesse.

Pour chaque appareil, on doit rechercher l'hélice la mieux appropriée et déterminer son diamètre, son pas et sa vitesse pour obtenir le rendement d'utilisation le plus élevé possible.

Sa position sur l'aéroplane doit être choisie de telle façon, que l'air aspiré et refoulé, ne vienne pas augmenter par son frottement sur les autres parties de l'appareil, la résistance à l'avancement de tout l'ensemble. Il faut de plus éviter la présence d'éléments amenant la production de remous dans la zone d'action de l'hélice, par suite donner aux organes voisins, une forme convenablement effilée. Ces dernières conditions ne sont pas toujours conciliables avec la facilité de construction.

En résumé l'hélice devra avoir un bon rendement de construction et un bon rendement d'utilisation pour permettre l'emploi d'un moteur de puissance minima.

Tout ce qui précède concerne les hélices propulsives, ce sont les seules employées dans les aéroplanes.

Disons quelques mots des hélices sustentatrices qu'utilisent les appareils hélicoptères. Leur but est de maintenir par leur rotation l'appareil à une hauteur invariable. Elles n'avancent donc pas dans le sens de leur axe, leur recul est de 100 0/0. Elles agissent comme le ferait un ventilateur dont l'axe serait vertical, et dont les ailes seraient disposées pour permettre à tout l'appareil de se tenir dans l'air sans tomber. Il faudra à de telles hélices un grand diamètre pour augmenter leur appui sur l'air, mais on est limité par la nécessité de faire des ailes très solides et très légères donnant néanmoins un bon rendement de construction.

RÉSUMÉ DE LA THÉORIE ÉLÉMENTAIRE DE L'AÉROPLANE.

Nous venons d'étudier successivement les divers éléments qui constituent un aéroplane. Nous verrons, dans l'étude détaillée de plusieurs appareils connus, comment sont agencés ces divers organes.

Rappelons pour l'instant que nous retrouverons toujours :

1° Une ou plusieurs surfaces sustentatrices utilisant la résistance de l'air pour équilibrer le poids de l'appareil ;

2° Un gouvernail de profondeur placé à l'avant ou à l'arrière, composé de un ou plusieurs plans mobiles autour d'axes horizontaux ;

3° Un gouvernail de direction latérale composé de un ou plusieurs plans verticaux, mobiles autour d'axes verticaux. Son action étant complétée par une surface verticale fixe placée assez loin de ce gouvernail ;

4° Une hélice actionnée par un moteur.

Enfin, dans certains appareils, ces organes sont complétés :

1° Par une queue stabilisatrice ;

2° Par des dispositifs permettant de régler l'inclinaison transversale ;

3° Des dispositifs spéciaux de départ et d'atterrissage.

CHAPITRE III

LES MOTEURS D'AVIATION

LES MOTEURS LÉGERS

Nous avons vu dans le rapide historique esquissé au début de cette brochure que le poids trop élevé des moteurs avait été le principal obstacle à la construction des machines volantes.

Le colonel Renard ayant fait dès 1900 une étude très complète de la question, en avait déduit que le problème serait soluble lorsque les moteurs ne pèseraient pas plus de 1 kgr. 500 par cheval-vapeur.

Le capitaine Ferber, après de remarquables recherches sur la résistance de l'air, avait abaissé ce nombre à 1 kilogramme. Quelques mois seulement après l'annonce de ces résultats, ces brillantes théories devaient recevoir d'éclatantes confirmations, puisque, dès novembre 1906, M. Santos-Dumont effectuait le premier vol mécanique, démontrant ainsi la justesse de ces calculs.

Examinons maintenant les étapes successives franchies en vue de réaliser l'allégement des moteurs.

Remarquons d'abord que, dans un moteur quel qu'il

soit, nous devons considérer deux éléments distincts :

1° Le moteur proprement dit, comprenant les organes mécaniques donnant le mouvemet ;

2° La source de force alimentant le moteur.

Le premier est indépendant de la durée du travail ; le deuxième, en général y est proportionnel ; c'est en cherchant à réduire le poids de chacun d'eux que l'on a réalisé des moteurs légers.

Dans le cas de la machine à vapeur, comme l'eau ne peut directement alimenter le moteur, il faut employer en plus un intermédiaire : la chaudière, et du combustible pour réaliser la transformation de l'eau en vapeur. Or, le moteur et la chaudière, par suite de la résistance qu'ils doivent offrir, sont composés de parties métalliques de forte densité, dont il est difficile de réduire le poids sans nuire à la solidité. La dépense en eau et en charbon est assez considérable, de sorte que le poids de l'ensemble est assez élevé. Toutefois, l'Avion Ader, expérimenté en 1897 au camp de Satory, possédait un moteur à vapeur ne pesant que 3 kg 5 par cheval.

Dans le cas de moteur électrique, que la source de force soit constituée par des piles ou des accumulateurs, l'intermédiaire disparaît ; malgré cela, le poids total est encore considérable et n'en permet pas actuellement l'emploi à bord des aéroplanes.

Le moteur à pétrole, au point de vue légèreté, possède sur ses deux devanciers une réelle supériorité. Les deux éléments que nous devons considérer sont : 1° le moteur peu différent, au point de vue construction, de celui à vapeur ; 2° l'essence de pétrole. L'intermédiaire est le carburateur.

Si le poids du moteur est sensiblement le même que dans une machine à vapeur, le carburateur n'est plus comparable à la chaudière, puisqu'il ne pèse que quelques kilogrammes, alors que cette dernière en pèse des centaines. En ce qui concerne le combustible, nous trouvons un nouvel avantage ; pour une même puissance, pendant le même temps, il faut en poids environ quarante fois moins d'essence que de charbon et d'eau.

Il suit de là que la source de force et l'intermédiaire, sont, à peu de chose près, les mêmes pour tous les moteurs à pétrole, et que, pour gagner du poids, il faut agir sur le moteur lui-même, soit en diminuant les dimensions des organes en mouvement, soit en réalisant des combinaisons permettant la suppression d'un certain nombre d'entre eux.

Le peu de place dont nous disposons ici ne permet pas de décrire tous les moteurs pouvant être employés en aviation. Nous nous contenterons de passer rapidement en revue ceux que possèdent les aéroplanes actuels, et ceux susceptibles de les concurrencer. Dans tout ce qui suit, nous supposerons que le lecteur connaît parfaitement le moteur d'automobile (il est aujourd'hui si répandu qu'il n'a plus de secret pour personne), et nous montrerons les modifications qu'on a dû lui faire subir, pour augmenter sa puissance tout en diminuant son poids.

Moteur ANTOINETTE

Le plus ancien, celui qui a démontré brillamment la possibilité du plus lourd que l'air, est le moteur Antoinette, dû à M. Levavasseur. Avant d'être appliqué à l'aéroplane, ce vaillant petit moteur s'est couvert de lauriers dans les courses de canots.

La légèreté y est obtenue par l'emploi de matériaux peu denses, comme l'aluminium, partout où le métal n'a pas d'efforts à supporter. Chaque cylindre comprend un corps en fonte ou en acier tourné extérieurement, une fausse culasse en aluminium, où sont logées les soupapes, et, pour assurer la circulation d'eau, une enveloppe extérieure constituée par une simple feuille de laiton. On obtient ainsi un ensem-

ble très léger, qui, pour un cylindre de 130 d'alésage
et 130 de course, ne pèse pas 6 kilogrammes. (Un cylindre entièrement en fonte en pèse 20.) Par suite, il est
possible d'en employer beaucoup. c'est pourquoi le
moteur Antoinette possède 8, 16 ou 32 cylindres.

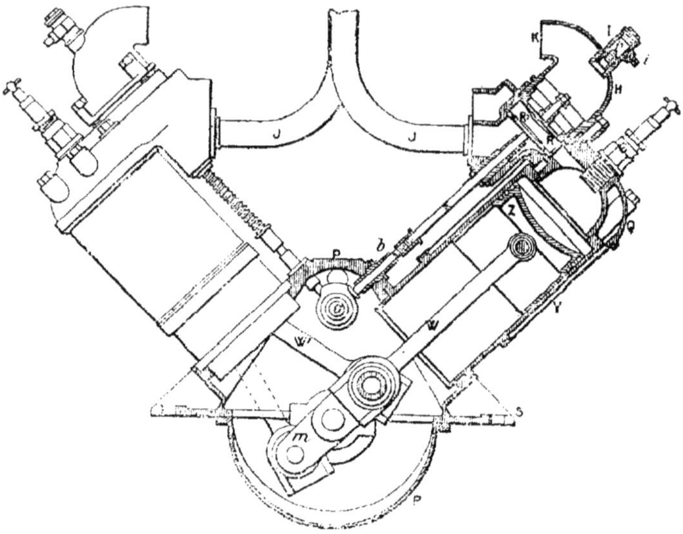

Fig. 17. — Moteur Antoinette.

Z, piston; R, soupape d'aspiration automatique; R', soupape d'échappement commandée; H, tube d'admission; I, dispositif de pulvérisation
de l'essence; J, J, tuyaux d'échappement; K, entrée d'air; P, carter;
Q, fausse culasse en aluminium; Y, chemise en laiton; W, W', bielles;
a, arbre à cames commandant les soupapes d'échappement par l'intermédiaire des poussoirs b.

Il en résulte immédiatement un autre grand avantage : la suppression du volant, dont le poids moyen
oscille autour de 20 kilogrammes. On sait, en effet,
que le volant a pour but d'aider le moteur à franchir
les espaces morts (temps pendant lequel il ne fournit
aucune force). Or, en employant 8 cylindres ou davantage, il y en aura au moins 2 travaillant en même
temps, et nous n'aurons jamais d'espace mort.

Pour ne pas donner au vilebrequin des dimensions exagérées, les cylindres ont été placés par paire l'un en face de l'autre à 90°, de façon que leurs bielles viennent attaquer le même maneton ; comme ils ne travaillent pas en même temps, le vilebrequin n'aura pas besoin d'être renforcé, d'où nouveau gain de poids.

Le carburateur et ses encombrantes tuyauteries ont été remplacés par une petite pompe aspirante et foulante envoyant l'essence aux 8 cylindres.

Enfin, l'allumage est réalisé par un petit alternateur à haute fréquence. Cet ensemble est supporté par un bâti en aluminium de grande légèreté.

Toutes ces ingénieuses dispositions permettent de construire un moteur à 8 cylindres de 105 d'alésage, 105 de course, pesant en ordre complet de marche 85 kilogrammes ; sa puissance est de 50 chevaux à 1,400 tours par minute.

Quant à la solidité, elle est à l'abri de toute critique : l'expérience l'a largement prouvé ; à bord d'aéroplane, le moteur Antoinette est tombé plusieurs fois de plus de 20 mètres de haut, il en est toujours sorti indemne.

Moteur R. E. P.

Parmi les moteurs étudiés spécialement en vue de l'aviation, nous devons signaler celui établi par M. Robert Esnault-Pelterie, dont les conceptions toutes personnelles sont des plus remarquables.

Dans les moteurs ordinaires, chaque maneton du vilebrequin ne reçoit l'effort de l'explosion, et par conséquent ne travaille en vue de l'effort pour lequel il a été construit, que un demi-tour sur deux : il en résulte une mauvaise utilisation de la matière ; c'est pourquoi M. Esnault-Pelterie fait commander un même maneton par plusieurs cylindres disposés en étoile autour de l'axe horizontal du vilebrequin, et

explosant successivement à intervalles réguliers.
Comme on ne peut placer des cylindres la tête en bas,
à cause du graissage, on les a séparés en deux groupes, un de 3 et un de 4, disposés en éventail au-dessus du plan horizontal de l'axe du vilebrequin. Ce

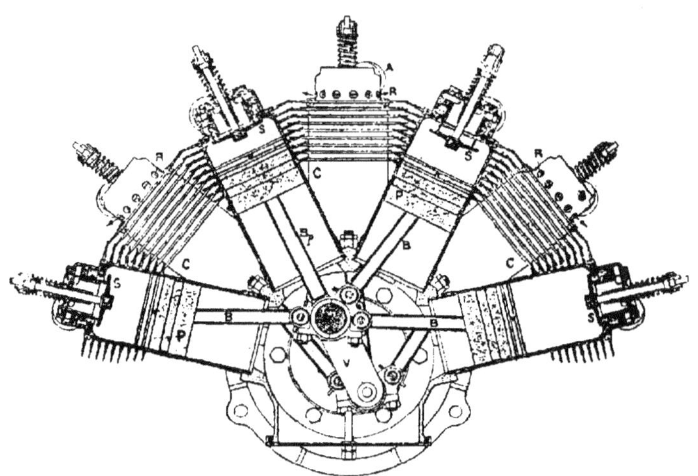

Fig. 18. — Moteur R. E. P. Coupe par les 4 cylindres avant.

C, C, cylindres; B, B, bielles; P, P, pistons; S, S, soupapes permettant
l'admission et l'échappement; V, vilebrequin; R, orifices d'échappement; A, orifices d'admission.

dernier ne possède ainsi que 2 manetons, et ne pèse
que 2 kg 500 pour 35 chevaux.

Pour les mêmes raisons que dans le moteur Antoinette, le volant est supprimé. (Toutefois, à bord des
aéroplanes, nous ferons remarquer qu'il en existe
encore un, constitué par l'hélice elle-même.)

Le refroidissement du moteur a lieu par circulation
de l'air autour des ailettes des cylindres, ce qui est
largement suffisant sur les machines volantes se déplaçant à grande vitesse. On supprime ainsi le poids
considérable résultant de l'emploi de l'eau, pompe,

Cliché de la *France Automobile et Aérienne.*

L'Aéroplane Ferber N° IX.

L'Aéroplane Wright au Camp d'Auvours.

radiateur, tuyauterie, sans compter les ennuis que
donnent quelquefois ces appareils.

Le moteur R. E. P. renferme d'autres particularités
intéressantes sur lesquelles nous ne pouvons nous
étendre ici ; nous signalerons simplement que les
cylindres ne sont munis que d'une seule soupape
située au fond, fonctionnant à la façon d'un tiroir,
et réalisant, au moyen de deux levées différentes, l'aspiration et l'échappement ; ces levées, pour tous les
cylindres, sont produites par 2 cames.

Les matériaux employés sont les mêmes que dans
un moteur automobile ordinaire ; leur résistance est
à l'abri de toute épreuve. On réalise ainsi un moteur
de 7 cylindres de 85 d'alésage, 95 de course, qui à
1.500 tours donne 35 chevaux. En ordre complet de
marche, même avec son hélice, il ne pèse pas 60 kilos,
ce qui abaisse le poids à moins de 2 kilos par cheval.

Aéromoteur FARCOT

À côté du moteur R. E. P., dans le même ordre
d'idée, nous devons placer les aéromoteurs Farcot
Ils comprennent 8 cylindres horizontaux disposés en
étoile autour d'un même carter, et commandant 4 par 4,
un vilebrequin à 2 manetons, ce qui permet encore la
suppression du volant. Chaque cylindre ne possède
qu'une soupape à deux levées, servant à la fois pour
l'aspiration et l'échappement comme dans le moteur
R. E. P. Le refroidissement se fait par l'air ; dans ce
but, les cylindres sont à ailettes, le moteur est entièrement fermé par un capot de forme appropriée ; la
circulation d'air y est produite par un ventilateur. Le
graissage est assuré par une pompe qui envoie l'huile
sous pression à tous les organes en mouvement. L'allumage est obtenu par une magnéto. On obtient ainsi
une grande légéreté, sans diminution de la solidité

des organes : les moteurs de 30. 50 et 100 chevaux, ne

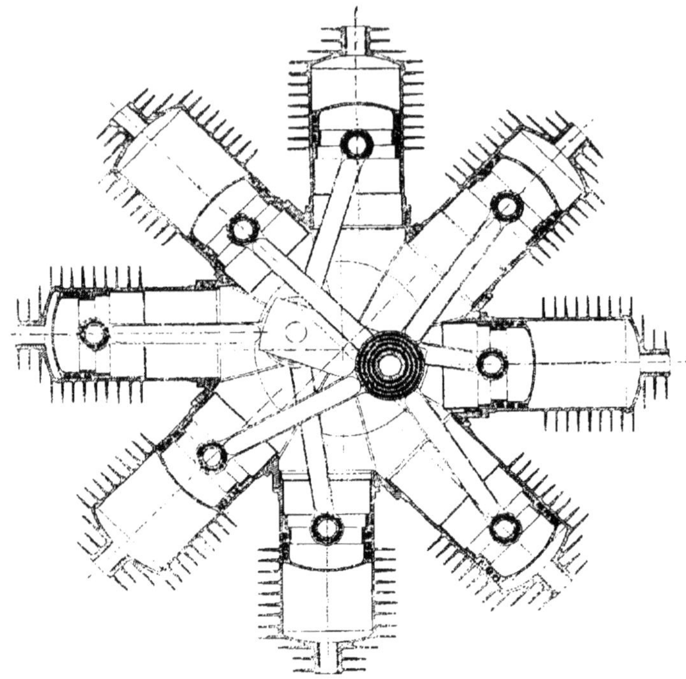

Fig. 19. — Aéromoteur J. A. Farcot.

pèsent respectivement que 40. 55 et 98 kilos, en ordre complet de marche.

Moteur RENAULT

La maison Renault frères qui a déjà tant fait pour l'automobile, vient également de terminer la construction d'un moteur léger pour l'aviation. Comme le moteur Antoinette. il comporte 8 cylindres en V munis d'ailettes commandant 2 par 2. un vilebrequin à 4 ma-

netons ; d'où suppression du volant. Comme dans les
aéromoteurs Farcot, le refroidissement se fait par
l'air, à l'aide d'un ventilateur produisant une circulation rapide autour des cylindres. Toutefois, la suppression du carburateur et de la magnéto n'a pas été
envisagée ; ce cœur et ce cerveau du moteur, tels

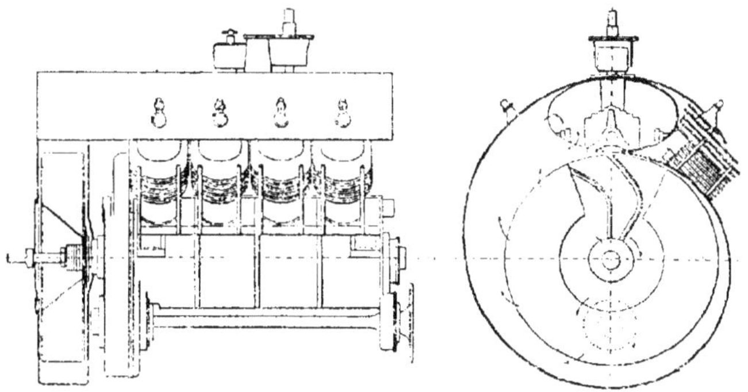

Fig. 20. — Moteur Renault.

qu'ils existent sur les voitures automobiles et qui assu-
rent à ces dernières un si bon fonctionnement, ont
été conservés sans autre modification que la substi-
tution de l'aluminium au bronze du carburateur.

Il s'ensuit que le moteur Renault est d'un poids plus
élevé que ses concurrents (125 kilos pour 50 chevaux) ;
mais en retour il a beaucoup gagné en régularité et
en souplesse.

Moteur DUFAUX

Toujours en se basant sur les principes exposés précédemment, les frères Dufaux de Genève, ont construit un moteur de 120 chevaux, ne pesant que 85 kilos.
Il se compose de 20 cylindres montés en 5 groupes
de 4, sur un arbre manivelle à 5 manetons, chaque
groupe comprenant 2 cylindres à double effet. On

réalise ainsi une grande légèreté sans travail excessif du métal. Le refroidissement est obtenu par une dou-

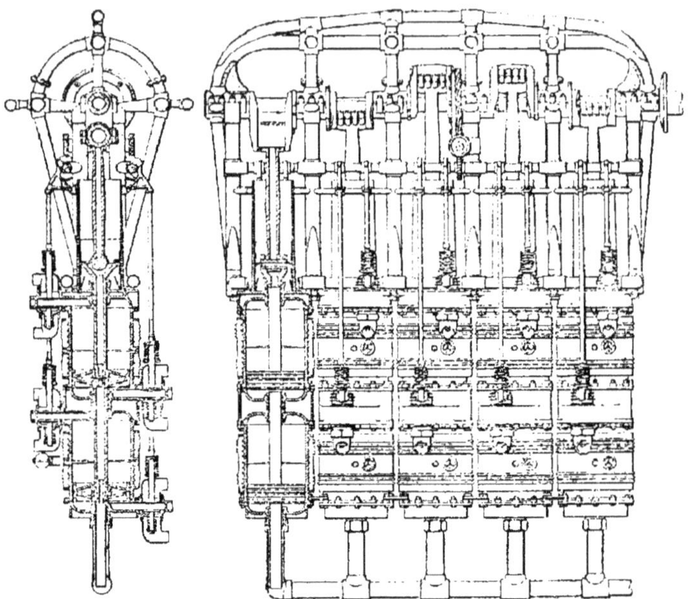

Fig. 21. — Moteur Dufaux.

ble circulation d'eau à l'extérieur des cylindres, d'air à l'intérieur des pistons et tiges de pistons convenablement évidés.

Moteur WRIGHT

Parmi les autres moteurs susceptibles d'être employés à bord des aéroplanes, nous citerons en dernier lieu celui construit par les frères Wright. Nous n'y trouvons plus de tours de force pour réaliser un allégement exagéré, mais de simples modifications au moteur d'automobiles.

Il est à quatre cylindres de 108 d'alésage 100 de course. L'enveloppe des cylindres est en aluminium et le radiateur en cuivre : il n'a pas de carburateur, l'essence est injectée dans les cylindres par une pompe. les soupapes d'admission sont automatiques et celles d'échappement commandées ; elles sont placées sur le dessus des cylindres ; l'allumage est fait par magnéto haute tension Lavalette-Eisemann.

Le moteur donne 30 chevaux à 1.400 tours ; en ordre complet de marche, il pèse 90 kilos, soit 3 kilos par cheval. Ce moteur, comme celui des cinquante aéroplanes type Wright actuellement en construction, sort des ateliers Bariquand et Marre.

Conclusion.

Les moteurs que nous venons de passer en revue, bien que présentant tous d'ingénieuses dispositions, ne sont pas encore d'un fonctionnement idéal ; la plupart d'entre eux présentent un grave défaut : c'est que la régularité de fonctionnement a été trop sacrifiée à la légèreté ; il s'ensuit que ces moteurs sont très capricieux et que bien souvent ils abandonnent le courageux aviateur au milieu des airs ; c'est alors la chute avec toutes ses conséquences.

Les dernières expériences de Wright au camp d'Auvours, ont montré qu'il n'était nullement besoin d'un moteur puissant et léger, puisque avec 30 chevaux seulement, Wright a pu enlever sans difficulté, comme poids supplémentaire, un passager de 108 kilos (M. Léon Bollée).

Ce n'est donc plus un allégement exagéré des moteurs qu'il faut obtenir, mais au contraire un fonctionnement exempt de reproche.

Les 4 cylindres d'automobiles ordinaires légèrement modifiés, peuvent donner une solution de la question. Il restera aux moteurs extra-légers le grand mérite d'avoir prouvé la possibilité du plus lourd que l'air.

Toutefois, il ne faut pas désespérer de ces derniers, ils peuvent encore nous étonner.

Tant que le moteur sans pannes ni défaillances n'aura pas été trouvé, la pratique de l'aviation sera toujours dangereuse. L'emploi de deux moteurs, l'un venant au secours de l'autre en cas d'avarie, a tout de suite été envisagé ; mais ce n'est qu'une solution bâtarde, car la fatalité voudra souvent que le second refuse de fonctionner lorsque le premier s'arrêtera.

Le moteur à explosion restera-t-il le roi des airs ? il n'y a rien d'impossible à cela ; en tout cas, il possède actuellement une grande avance sur les machines à vapeur et électriques. Mais ces dernières n'ont pas dit leur dernier mot, et rien ne nous prouve qu'elles ne prendront pas leur revanche.

Peut-être verrons-nous un jour, les aéroplanes munis de trolleys comme de simples tramways.

La construction d'un générateur à vapeur de faible poids, capable d'être soulevé par une machine volante, peut aussi modifier nos idées sur le moteur d'aéroplane.

Enfin, n'oublions pas qu'il existe des formes de l'énergie que nous ignorons encore. L'une d'elles viendra peut-être nous donner la source de force idéale pour la machine volante.

CHAPITRE IV

MONOPLANS, BIPLANS ET POLYPLANS

Dans l'étude théorique du mouvement de l'aéroplane, nous avons représenté la surface sustentatrice par un plan.

Avant d'examiner comment pratiquement sera réalisée cette surface, nous sommes conduits à distinguer les trois grandes classes dans lesquelles on peut faire rentrer les aéroplanes en cours d'essai actuellement.

La classification repose sur le nombre des surfaces sustentatrices.

On appelle monoplans les appareils dans lesquels on utilise une seule surface sustentatrice, c'est le cas de l'oiseau.

On appelle biplans ceux qui utilisent deux surfaces sustentatrices superposées. L'appareil des frères Wright rentre dans cette catégorie.

On appelle polyplans ceux dont le nombre des surfaces sustentatrices est supérieur à deux. Le nouvel appareil de Farman auquel a été ajouté une troisième surface sustentatrice est un triplan.

Jusqu'ici, ce sont surtout les monoplans et les biplans qui ont servi aux essais. Des résultats remarquables ont été obtenus avec chacun de ces types :

actuellement la question est encore trop neuve pour qu'il soit possible de prendre parti pour l'un deux. Les biplans des frères Wright et de MM. Farman et Delagrange ont accompli de magnifiques prouesses. Les aéroplans de MM. Esnault-Pelterie et Blériot se sont montrés des concurrents sérieux. Actuellement, la vitesse de déplacement de tous ces appareils est sensiblement la même.

L'avenir nous apprendra si l'un des systèmes est réellement supérieur à l'autre. Peut-être les deux persisteront-ils longtemps, répondant chacun à un emploi différent.

Contentons-nous pour l'instant de signaler les avantages et les inconvénients de chacun d'eux.

Nous avons vu précédemment que la résistance de l'air se décompose en deux forces, l'une verticale dirigée vers le haut, qui fait équilibre, au poids de l'appareil, l'autre horizontale que l'effort de traction doit vaincre pour faire avancer l'aéroplane.

Plus cette force horizontale sera grande et plus la puissance du moteur devra être considérable pour un appareil de poids donné. Il est donc tout naturel de chercher à la diminuer. D'où l'idée d'employer une seule surface sustentatrice qui opposera moins de résistance à l'avancement.

Mais le problème se complique. La pression de l'air sur cette surface est considérable puisque sa composante verticale doit être égale au poids de l'appareil. La solidité des ailes a donc besoin d'être très grande. La nécessité de leur donner une grande envergure rend leur construction plus difficile encore et il faut recourir à des haubans pour consolider tout le système. Ces haubans vont créer pendant la marche une résistance qui absorbera une partie de la force motrice. Finalement nous aurons perdu en partie l'avantage d'utiliser un seul plan pour diminuer la résistance à l'avancement.

Si au lieu d'un monoplan nous construisons un

biplan, sa résistance à la marche en avant sera plus grande, mais par contre sa construction sera plus facile. En entretoisant les deux surfaces par des montants, et établissant des haubans en fils d'acier, nous obtiendrons une sorte de poutre en treillis analogue à celle des ponts métalliques. Sa solidité sera très grande et le haubanage ne sera pas sensiblement plus important que pour un monoplan.

On objecte aux biplans que le fait de superposer deux surfaces diminue leur pouvoir portant. Ceci s'explique facilement, car si ces deux surfaces sont très rapprochées, il n'y aura que celle du dessous qui prendra appui sur l'air et au point de vue de la sustentation tout se passera à peu près comme si nous n'avions qu'une surface.

Mais on peut obvier à cet inconvénient en écartant suffisamment les deux surfaces sustentatrices pour que le mouvement de chacune d'elles n'apporte pas de perturbation sensible sur l'autre.

Ajoutons que le biplan a pour lui l'avantage de nécessiter une envergure moindre pour une même surface portante.

En résumé dans l'état actuel de l'aviation, il semble que le monoplan offre une moindre résistance à l'avancement, ce qui lui permet d'être un engin de vitesse.

Le biplan nécessite un effort de propulsion un peu supérieur, mais il se prête à une construction plus facile, et nécessite une moins grande envergure, ce qui est intéressant lorsque l'appareil doit porter plusieurs passagers.

Laissons donc les champions du monoplan et du biplan rivaliser de prouesses, et attendons les faits pour conclure à la supériorité de l'un ou l'autre des systèmes.

LES MONOPLANS BLÉRIOT

Depuis plusieurs années, M. Louis Blériot s'est attaché avec une remarquable ténacité à la question de l'aviation ; après de nombreux essais exécutés à bord d'appareils variés, il s'est finalement rallié aux monoplans. En quelques mois il a construit plusieurs appareils de ce type, tous ont donné de brillants résultats. Toutefois nous nous contenterons de décrire ici les deux derniers expérimentés : le n° 8 qui permit à M. Blériot, en juillet dernier, de voler par des vents de 6 et 8 mètres à la seconde, et le n° 8 *ter* avec lequel il vient d'accomplir le premier voyage aérien, avec retour au point de départ. Ce dernier n'est autre que le précédent modifié suivant les données de l'expérience.

Comme allure générale, ces monoplans ressemblent à de gigantesques libellules. Dans le corps de l'insecte, vers l'avant se trouvent logés l'aviateur et le moteur M, *(fig. 22)*, sur ce corps viennent se fixer 2 grandes ailes A, constituant la surface de sustentation ; à l'avant se trouve l'hélice H, à l'arrière les gouvernails de profondeur P et de direction G. Tout cet ensemble est supporté par 3 roues, 2 à l'avant, une à l'arrière.

Le corps de l'appareil est constitué par un long fuseau métallique de section quadrangulaire de 10 mètres de longueur, sur lequel sont montées à l'avant deux ailes de $11^m.20$ d'envergure et de 22^{m2} de surface totale. Ces deux ailes sont constituées par une charpente en bois très légère, analogue aux toits de nos maisons et comprenant toute une série de lattes, de chevrons et de poutres, le tout recouvert d'un papier parcheminé et verni. Mais alors que dans nos habitations, la toiture est supportée par la maçonnerie du dessous, dans l'aéroplane monoplan c'est l'inverse qui a lieu, les ailes doivent porter l'appareil situé au milieu. Il s'ensuit qu'elles

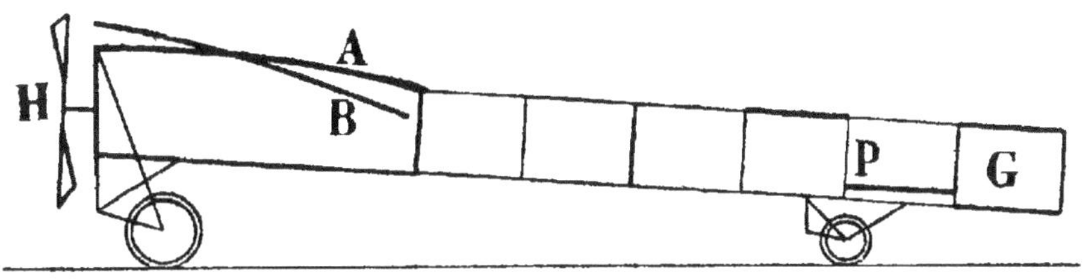

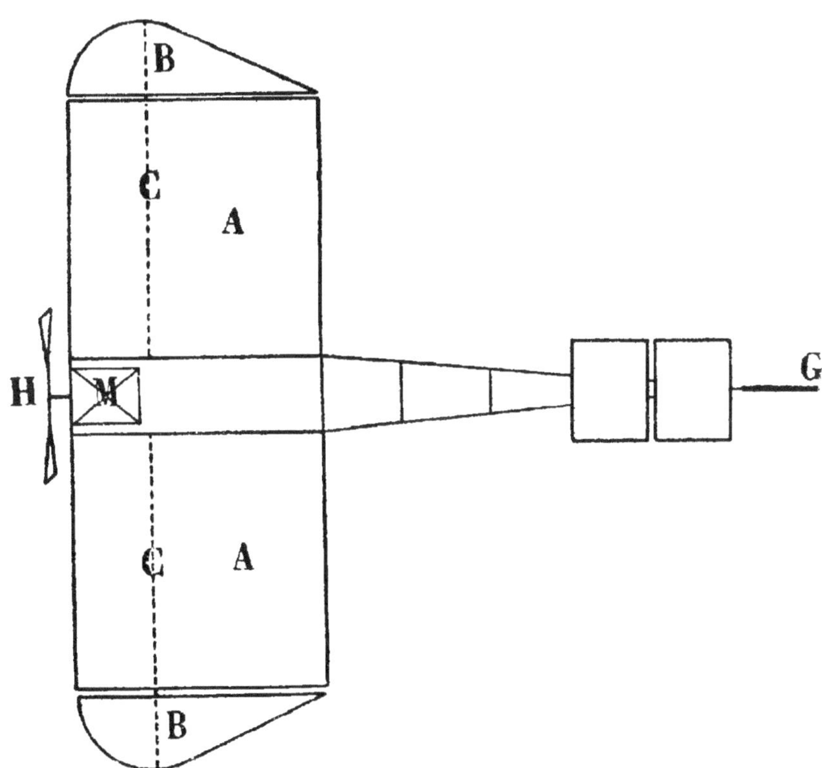

Fig. 22. — Schéma du monoplan Blériot.

sont reliées à ce dernier par une armature métallique
de haubans et de tirants, venant s'accrocher en dessus
et en dessous du corps fuselé, de façon à constituer un
ensemble parfaitement rigide et de grande solidité. Ce
mode d'assemblage des différentes parties de l'appareil
constitue la principale difficulté de construction du
monoplan, car si à la suite d'un incident quelconque, un
hauban vient à se rompre, l'appareil ne peut conserver
sa forme et se brise, c'est du reste ce qui est arrivé aux
appareils de M. Blériot au cours de ses nombreuses
chutes.

Le corps fuselé du monoplan repose à l'avant sur
un châssis à deux roues par l'intermédiaire d'une suspension articulée, élastique, destinée à amortir le choc
lors de l'atterrissage.

L'appareil est propulsé par un moteur Antoinette
50 chevaux 8 cylindres, actionnant une hélice à 4 branches flexibles de $2^m,20$ de diamètre et $1^m,30$ de pas. Son
poids total est de 480 kilogrammes ; il vole par suite
avec une charge de plus de 21 kilogrammes par m² ;
c'est la plus forte qui ait encore été atteinte.

Stabilité. — Ailerons.

La stabilité longitudinale est obtenue au moyen de
deux petits plans horizontaux situés à l'arrière de l'appareil près des gouvernails de profondeur et de direction.

La stabilité transversale est obtenue au moyen d'organes spéciaux dénommés « ailerons » produisant le
même effet que le gauchissement des ailes de l'appareil
Wright, et qui est l'œuvre exclusive de M. Blériot. Ces
ailerons sont constitués par deux petits plans B placés
aux extrémités des ailes et mobiles autour de l'axe
horizontal C. Ils peuvent prendre une inclinaison quelconque par rapport au plan sustenteur A.

Supposons qu'à la suite d'un incident quelconque

pendant le vol, l'appareil vienne à s'incliner, par exemple son aile droite plus basse que la gauche. Pour remettre l'appareil d'aplomb, il nous faut créer à gauche une force verticale dirigée de haut en bas forçant l'aile gauche à s'abaisser et à droite une force verticale dirigée au contraire de bas en haut et forçant l'aile droite à s'élever. Nous l'obtenons en abaissant le bord avant de l'aileron gauche et relevant celui de l'aileron droit ; la résistance de l'air s'exerçant sur ces plans comme sur les ailes, produit précisément les deux forces que nous voulons, pour rétablir l'équilibre de l'appareil.

On conçoit donc que, par une manœuvre convenable de ces deux plans, l'aviateur peut redresser son appareil lorsqu'il s'incline à droite ou à gauche, ou bien, au contraire, le forcer à s'incliner lorsqu'il est droit ; il doit, en particulier, faire cette dernière manœuvre avant d'exécuter un virage.

Dans le monoplan n° 8, ces deux plans ou « ailerons » de forme rectangulaire oscillaient autour d'un de leurs côtés situé dans le plan de l'aile de l'appareil ; par suite, leur manœuvre dans les vents violents nécessitait de la part de l'aviateur un effort considérable. Aussi, dans les appareils suivants, M. Blériot les fait osciller autour d'un axe passant par le milieu de leur surface ; ils sont de la sorte équilibrés et la manœuvre a lieu sans grand effort.

Grâce à cette ingénieuse disposition, M. Blériot a pu évoluer dans des vents violents, soufflant par rafales, et d'une façon très irrégulière, y exécuter des virages et des voltes aux contours les plus capricieux, manœuvrant toujours avec une grande maîtrise, ce que bien peu de ses concurrents ont pu réaliser.

Cependant ces magnifiques prouesses ont presque passé inaperçues, et ont moins frappé l'imagination des foules que de longs vols exécutés par vent faible, et où les difficultés sont loin d'être les mêmes. Leur réussite ne dépend que du bon fonctionnement du moteur et non de l'appareil. Un vol de quelques minutes par un vent de tempête fera cependant plus pour l'avenir de l'aviation, qu'une longue envolée exécutée par temps calme. C'est ce qu'a compris M. Blériot, qui considère l'aviation comme une science et non comme un sport. Pour lui, l'important est d'obtenir des résultats.

Aussi n'a-t-il pas attendu la fin tragique de son dernier appareil pour en construire un autre, le n° 9, dont les premiers essais ne tarderont guère. Il se différentie de ses aînés par les particularités suivantes : Le corps fuselé, de 10 mètres de long, est de section quadrangulaire à l'avant, triangulaire à l'arrière. Sa surface est utilisée comme radiateur ; dans ce but, elle est constituée par une feuille de zinc supportant un grand nombre de réservoirs minuscules reliés par des tubes en caoutchouc, et ne pesant que 2 kilogrammes par mètre carré de surface de refroidissement. Le moteur est un 16 cylindres Antoinette de 65 chevaux : l'hélice la même que précédemment.

Nul doute qu'il ne remporte de brillants succès.

AÉROPLANES
ROBERT ESNAULT-PELTERIE

De forme plus ramassée que les aéroplanes Blériot, les monoplans R E P ressemblent à d'énormes hannetons. Ils comprennent un corps fuselé cylindrique à l'intérieur duquel se tient l'aviateur, et sur lequel sont fixées les deux ailes. A l'arrière se trouvent les gouvernails de direction et de profondeur ; à l'avant le moteur, un R E P. 30 chevaux à 7 cylindres, actionne une hélice à 4 branches.

Les ailes, entièrement tendues de toile caoutchoutée, sont mobiles dans tous les sens par un système de commande spécial placé sous la main du pilote ;

extérieurement, elles ne sont reliées au corps de l'appareil que par quatre haubans. Toutes les commandes intéressant la direction et les divers organes sont également dissimulées dans l'épaisseur des ailes ou dans le corps cylindrique, de façon à réduire le plus possible la résistance à l'avancement ; c'est du reste la caractéristique de cet appareil ; aussi il peut atteindre une vitesse très élevée, 80 à 90 kilomètres à l'heure ; ce qui, pour un poids de 350 kilogrammes en ordre de marche, et une surface portante totale de 17 m², correspond à une charge de 20 kilogrammes par m². Le corps cylindrique se termine par une quille surmontée d'un plan vertical ; il repose sur le sol par l'intermédiaire d'une roue caoutchoutée et d'un galet en bois, placés l'un derrière l'autre comme les deux roues d'une bicyclette ; il en résulte que l'appareil au repos ne pouvant se tenir en équilibre de cette façon, s'appuie sur une de ses ailes ; c'est pourquoi on a mis à l'extrémité de chacune d'elles une roue porteuse. Par suite, lorsque le monoplan se met en marche, il commence d'abord par rouler incliné sur 3 roues, mais la résistance de l'air s'exerçant également sur les deux ailes redresse l'appareil, qui se déplace alors comme une bicyclette avant de s'enlever.

Pour atténuer le choc à l'atterrissage, l'aéroplane est muni d'un frein hydropneumatique, remplaçant les ressorts employés sur les autres appareils.

AÉROPLANE
DE PISCHOF ET KŒCHLIN

Parmi les appareils essayés récemment et présentant des dispositions ingénieuses, nous devons encore citer l'aéroplane de De Pischof et Kœchlin.

Du type monoplan, il comporte 4 ailes, 2 grandes à l'avant fixes, et 2 petites à l'arrière mobiles faisant fonction de gouvernail de profondeur. Elles sont fixées sur un corps fuselé en bois de grande résistance ne pesant que 28 kilogrammes. Ce dernier repose sur le sol par l'intermédiaire de 3 roues, les deux d'avant faisant partie d'un châssis orientable très élastique, permettant des départs et atterrissages par vent latéral.

La conduite de l'appareil se fait par un unique volant animé de deux mouvements, un de rotation actionnant le gouvernail de direction situé à l'arrière, et un de basculement actionnant le gouvernail de profondeur.

La stabilité latérale est assurée par un gauchissement des ailes ; la commande se fait par un dossier oscillant entourant en partie le corps de l'aviateur ; celui-ci corrige constamment l'équilibre à l'aide de mouvements du buste absolument instinctifs.

L'appareil mesure $7^m,50$ de plus grande envergure sur $7^m,70$ de long. Son poids total en ordre de marche et monté est de 245 kilogrammes. Il est propulsé par une hélice en bois placée à l'avant et actionnée par un moteur Dutheil et Chalmers à deux cylindres horizontaux (refroidissement par air) de 16 chevaux seulement. Jusqu'à présent, c'est le plus faible moteur ayant permis à un aéroplane de s'enlever ; toutefois, son refroidissement insuffisant n'a pas permis l'exécution de vols supérieurs à 800 mètres.

L'AÉROPLANE GASTAMBIDE-MENGIN

Enfin, nous citerons en dernier lieu le monoplan Gastambide-Mengin, constitué par un corps quadrangulaire de 7 mètres de long sur lequel sont amorcés les quatre bras porteurs des deux ailes de 10 mètres

Cliché de la *France Automobile et Aérienne*.

L'Aéroplane Gastambide-Mengin effectuant ses premières envolées à Bagatelle.

Cliché de la *France Automobile et Aérienne.*

L'Aéroplane **FARMAN** gagnant le Prix Armengaud.

d'envergure et 24 m² de surface. Une queue triangulaire de 2^m,50 de long termine l'appareil dont le poids monté est de 400 kilogrammes. Il est actionné par un moteur Antoinette de 50 chevaux.

LES BIPLANS DE MM. FARMAN ET DELAGRANGE
CONSTRUITS PAR LES FRÈRES VOISIN

Les appareils de MM. Farman et Delagrange sont construits sur le même type. Ils ne diffèrent que par de légères modifications faites au cours des essais.

L'appareil de M. Farman comprend deux surfaces sustentatrices superposées A ; à l'avant, un gouvernail de profondeur P ; à l'arrière, une queue stabilisatrice cellulaire D et un gouvernail de direction monoplan G. L'hélice H est commandée directement par le moteur M. Le tout repose sur un châssis à 4 roues permettant le départ et l'atterrissage.

Les surfaces sustentatrices constituées par une étoffe vernie tendue sur une armature en bois, ont chacune 10 mètres d'envergure totale et 2 mètres dans le sens de la marche, soit pour elles deux 40 m² de surface portante. Elles sont distantes de 1^m,50, et reliées par des montants et des fils d'acier.

A 4 mètres en arrière se trouve une cellule formant queue stabilisatrice constituée par deux plans superposés de 2^m,70 d'envergure et 2 mètres de profondeur. Deux parois verticales la complètent. Elle est reliée aux surfaces sustentatrices A par une sorte de poutre constituée par 4 longerons convenablement entretoisés. Cette queue intervient dans la surface portante, ce qui lui donne une augmentation de 10^m²80.

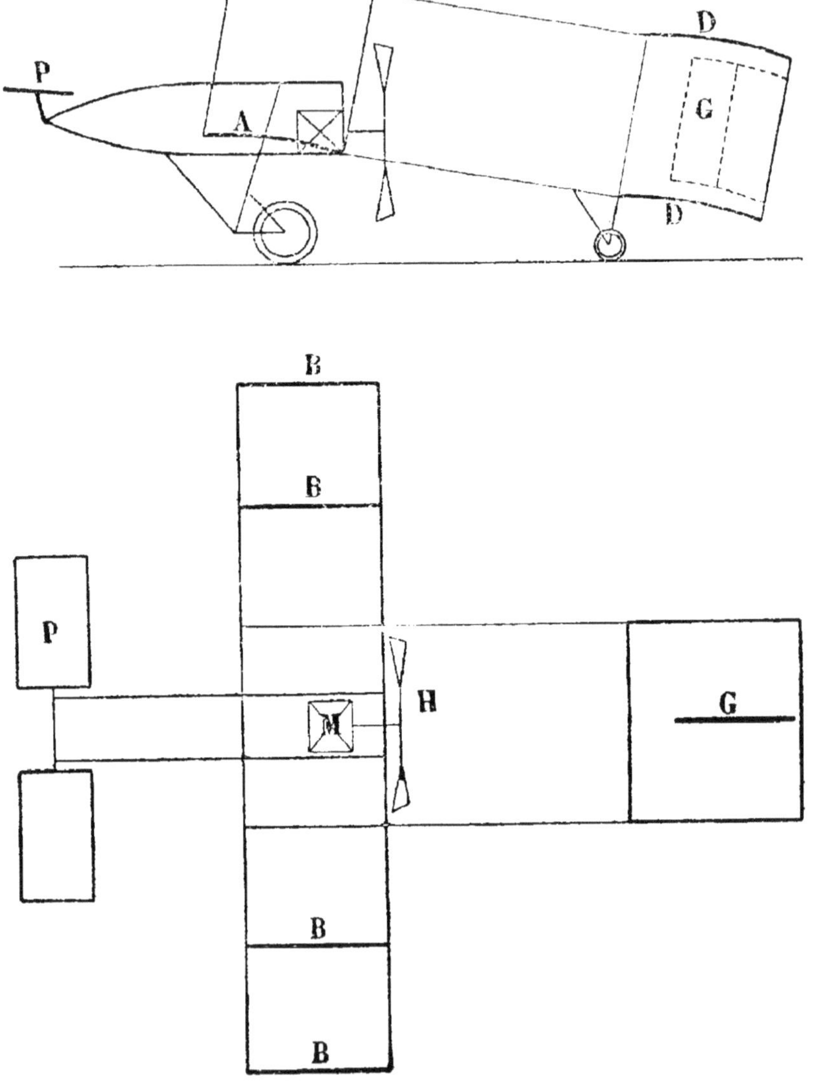

Fig. 23. — Schéma du biplan Farman.

Entre les deux surfaces sustentatrices, se trouvent des plans verticaux B, destinés à augmenter la stabilité transversale et l'action du gouvernail de direction.

Le gouvernail de profondeur cellulaire employé au début est aujourd'hui remplacé par un équilibreur monoplan P, réduisant notablement la résistance à la pénétration.

Il est formé par deux éléments placés de chaque côté de l'axe de l'appareil et manœuvrés simultanément. Leurs dimensions correspondent à une envergure totale de 5 mètres sur une profondeur de 1 mètre.

Le gouvernail de direction est constitué par un plan vertical G, placé à l'arrière et dans l'axe de la cellule stabilisatrice.

La longueur totale de l'appareil est de 10^m,50.

Le moteur M, placé dans l'axe de symétrie, actionne directement une hélice H dont le diamètre est 2^m,30 et le pas 1^m,40.

Sa vitesse de rotation est de 1,650 tours et la puissance du moteur à cette vitesse 38 HP.

Le poids de l'appareil complet en ordre de marche est de 530 kilogrammes.

Des dispositions spéciales ont été prises en vue de diminuer la résistance à la pénétration dans l'air. C'est ainsi qu'à l'avant se trouve une partie effilée derrière laquelle sont placés l'aviateur et le moteur.

Tout l'appareil est porté par 4 roues lui permettant de rouler sur le sol et d'acquérir la vitesse nécessaire pour son essor.

Ces roues servent également pour l'atterrissage ; des ressorts sont interposés pour diminuer l'influence du choc en arrivant au sol.

Un dispositif spécial permet l'emploi d'un seul volant pour la manœuvre des gouvernails de profondeur et de direction.

Stabilité.

Nous avons vu, au chapitre de la théorie de l'aéroplane, le grand intérêt que présente l'emploi d'une queue stabilisatrice. Grâce à elle les petites variations de la vitesse du vent n'ont pas une action sensible sur l'appareil, qui peut continuer sa marche en ligne droite. C'est un des points intéressants de l'aéroplane Farman.

La stabilité transversale est assurée automatiquement par les plans verticaux B situés entre les surfaces sustentatrices. Ils jouent un rôle analogue à celui de la queue stabilisatrice, par la résistance qu'ils offrent à l'air lorsque l'appareil chavire.

Grâce à la présence des plans verticaux dans la région avant, l'action du gouvernail de direction placé à l'arrière peut être efficace comme nous l'avons vu précédemment. Toutefois, la présence des deux cloisons verticales de la queue augmente la difficulté du virage, car dans le mouvement de rotation la résistance de l'air s'exerce également sur elles.

L'AÉROPLANE N° 9
DU CAPITAINE FERBER

Les biplans français étant dérivés des théories du capitaine Ferber, nous allons étudier l'appareil que cet officier vient de faire construire et qui a déjà donné des résultats intéressants aux essais.

Conçu dès 1905, il est du type biplan à armature en bambou ligaturé. Les surfaces portantes, au lieu d'avoir une forme rectangulaire, ont leurs bords antérieurs et postérieurs en forme d'arcs de cercle concentriques ouverts vers l'arrière dans le but d'augmenter la stabilité de route. Elles sont constituées par de la toile tendue sur des nervures en bois. Les tiges de bambou sont assemblées par des ligatures et les ailes peuvent subir une torsion analogue au gauchissement imaginé par les frères Wright.

Un gouvernail de profondeur monoplan est placé en avant de l'appareil ; à l'arrière se trouve un plan horizontal stabilisateur surmonté d'un plan vertical fixe.

Le gouvernail de direction est constitué par de petits focs triangulaires fixés aux extrémités latérales de la surface portante inférieure.

L'aviateur se place dans le corps de l'appareil établi au niveau de la surface inférieure. Un moteur Antoinette 50 HP 8 cylindres, est placé devant lui. L'hélice actionnée directement a $1^m,10$ de pas et $2^m,20$ de diamètre ; elle tourne en avant des surfaces sustentatrices.

L'ensemble est supporté par deux roues garnies de pneumatiques et placées en tandem sur le corps. Des patins-béquilles placés sous les surfaces portantes permettent à l'aéroplane de reposer sur son aile et de prendre son départ. La vitesse lui permet rapidement de se tenir sur ses deux roues et de prendre son essor.

La surface sustentatrice est de 40 mètres carrés, et l'envergure $10^m,50$. Le poids total est de 400 kilogrammes.

L'AÉROPLANE WRIGHT

L'aéroplane des frères Wright comprend deux surfaces portantes superposées, un gouvernail de profondeur biplan à l'avant et un gouvernail de direction également biplan à l'arrière. Un mécanisme permettant de gauchir les surfaces sustentatrices assure la stabilité transversale. L'appareil est propulsé par deux hélices qu'actionne un moteur à essence. Un dispositif spécial est utilisé pour le lancement.

Surfaces sustentatrices.

Les surfaces sustentatrices A *(fig. 24)* ont chacune $12^m,50$ d'envergure et 2 mètres dans le sens de la marche, soit au total 50 mètres carrés de surface portante. Leur courbure présente une partie plus cintrée à l'avant. Chacune d'elles est constituée par une ossature en bois recouverte sur ses deux faces par de la toile, ce qui supprime toute rugosité dont le frottement sur l'air serait nuisible. La carcasse est obtenue en plaçant perpendiculairement à la traverse en sapin qui constitue le bord antérieur, des lames de bois sur lesquelles est tendue l'étoffe. Les surfaces ainsi obtenues présentent un bord avant de 5 centimètres d'épaisseur, alors que celui d'arrière est aminci, ce qui lui permet de pouvoir aisément se déformer en vue de permettre le gauchissement.

Elles sont distantes de $1^m,80$ et reliées par des montants en sapin d'Amérique, très flexibles, assemblés à articulation, pour donner une grande souplesse à l'appareil.

Le gouvernail de profondeur V, placé environ 4 mètres en avant des ailes portantes, est formé de deux surfaces parallèles entre lesquelles sont placés deux plans verticaux S, dont nous avons vu l'utilité pour la direction au chapitre de la théorie de l'aéroplane.

Le gouvernail de direction Z également biplan est à $2^m,50$ en arrière des surfaces sustentatrices.

La longueur totale de l'appareil est de 10 mètres. Le moteur M est placé à droite du plan de symétrie, et l'aviateur à gauche en P pour lui faire équilibre. Si l'appareil enlève un passager, ce dernier se tient en P' dans l'axe pour ne pas modifier l'inclinaison transversale de l'aéroplane.

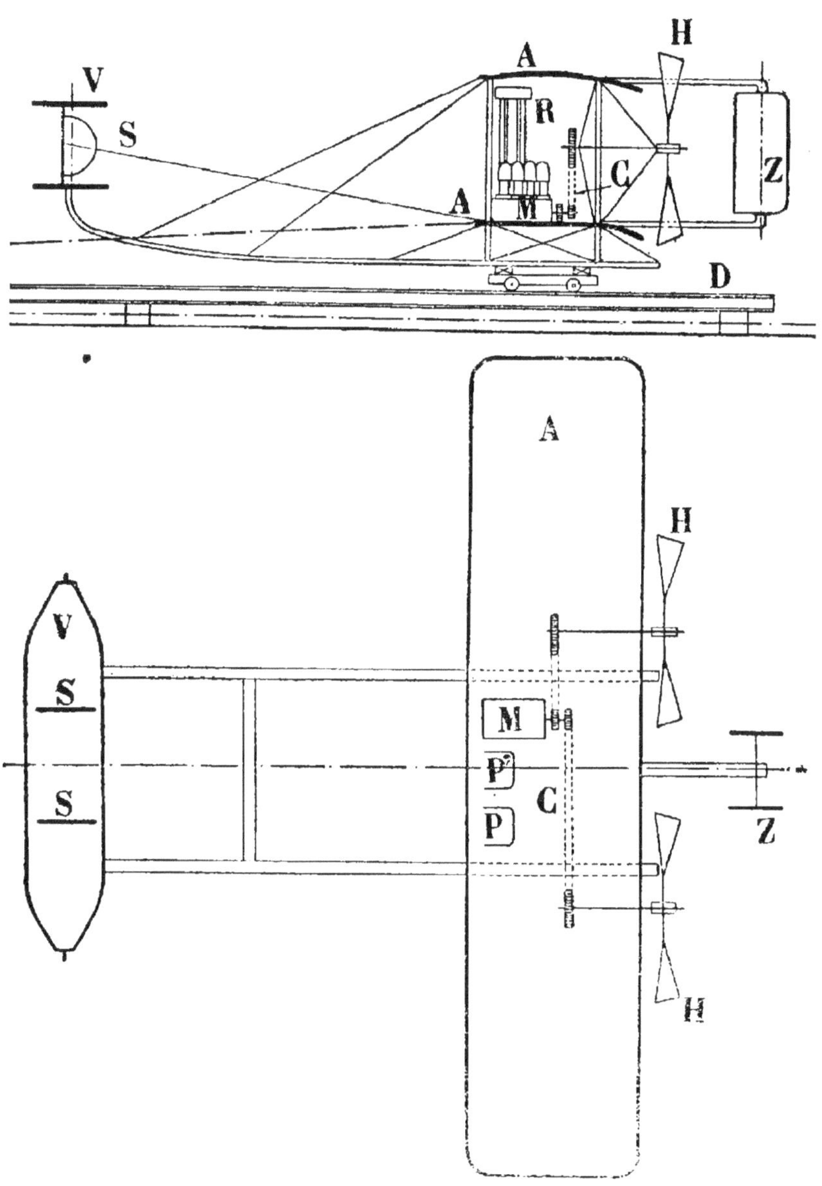

Fig. 24. — Schéma de l'aéroplane Wright.

Le moteur d'une puissance de 30 HP, commande par l'intermédiaire de deux chaînes passant dans des tubes d'acier, deux hélices de $2^m,60$ de diamètre tournant en sens contraire à la vitesse de 450 tours par minute.

Le poids total de l'aéroplane monté par un seul aviateur est de 450 kilogrammes, soit 9 kilogrammes par mètre carré de surface portante.

Départ et atterrissage.

Pour communiquer à son appareil une vitesse suffisante pour s'enlever, M. Wright a recours à un dispositif spécial de lancement utilisant la chute d'un poids de 700 kilogrammes. Dans ce but, l'aéroplane repose par ses patins sur un chariot muni de deux

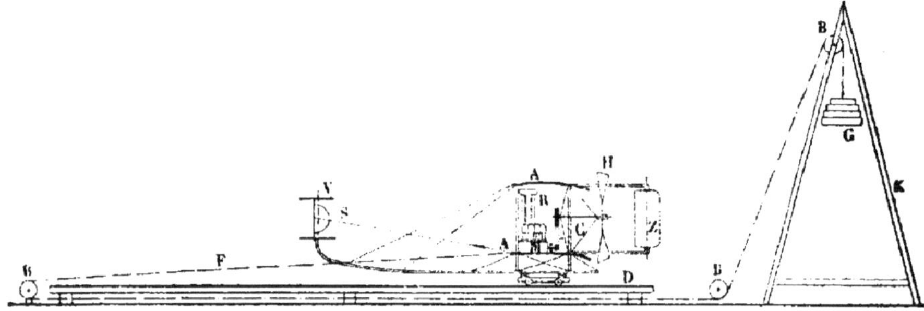

Fig. 25. — Schéma du dispositif de lancement de l'aéroplane Wright.

galets qui peuvent rouler sur un rail D de 24 mètres de long. Ce rail simplement formé d'une série d'éléments en bois assemblés bout à bout est recouvert d'un fer plat formant chemin de roulement *(fig. 25)*.

Deux ailes mettent les hélices en marche simultanément, ce qui lance le moteur. L'aviateur déclanche alors le poids G maintenu au sommet du pylone K. La chute rapide des 700 kilogrammes produit l'entrainement de l'appareil par l'intermédiaire du câble F passant sur les poulies B. L'aéroplane soumis d'autre part à l'effort de propulsion des hélices acquière rapidement une vitesse suffisante pour s'enlever en laissant le chariot à terre.

Dans ses essais du mois de novembre, M. Wright a montré que ce dispositif de lancement ne lui était pas indispensable. En allongeant le rail, l'aéroplane propulsé simplement par ses deux hélices a pu prendre son essor après un parcours d'une trentaine de mètres.

Notons que les patins par lesquels l'appareil repose sur son chariot avant le départ servent pour l'atterrissage. Après avoir coupé l'allumage par traction sur un fil, M. Wright descend obliquement en planant ; arrivé à quelques mètres du sol il augmente l'inclinaison du gouvernail de profondeur, ce qui arrête l'élan de l'aéroplane et relève l'avant. La machine volante se pose alors sur le sol et grâce à l'élasticité des patins et de toute l'armature, le choc n'est pas sensible.

Stabilité longitudinale — Gouvernail de profondeur.

La stabilité dans le sens de la marche est obtenue uniquement par la manœuvre du gouvernail de profondeur. Celui-ci est commandé par le levier de gauche Y *(fig. 26)* dont le déplacement en avant ou en arrière communique l'inclinaison voulue aux plans du gouvernail par la barre L.

Nous avons vu précédemment comment le relèvement des bords avant de ces plans produit la montée de l'aéroplane. La manœuvre de descente consiste à relever le bord arrière.

L'absence de queue stabilisatrice oblige le pilote à agir constamment sur ce gouvernail pour maintenir sa direction en hauteur. Ceci nécessite une attention très soutenue, tandis que dans les appareils français l'équilibre est à peu près automatique.

Mais du fait de la suppression de cette queue résulte un allégement notable et une diminution importante de la résistance que l'air offre au déplacement de l'appareil. C'est une des causes qui permettent à M. Wright d'employer un moteur de faible puissance comparativement à ceux des appareils français.

Manœuvre du gouvernail de direction et du gauchissement des ailes.

Le gouvernail de direction est manœuvré à l'aide du levier X *(fig. 26)*, articulé en V pour pouvoir prendre un mouvement d'avant en arrière et d'arrière en avant. L'aviateur le tient de la main droite et en portant cette main en avant fait tourner le petit balancier O autour de son axe vertical, ce qui tire le fil d'acier W et oriente le gouvernail pour tourner à gauche. En portant au contraire la main en arrière, le balancier O tourne dans le sens opposé, et le fil Z oriente le gouvernail pour tourner à droite.

Ce même levier X sert également à obtenir le gauchissement des ales. Pour bien faire comprendre en quoi il consiste, prenons une feuille de papier rectangulaire. Collons l'un des grands côtés sur une règle que nous ferons tenir par un tiers. Si le papier est assez épais cette feuille peut être maintenue horizontalement sans se déformer sensiblement. Prenons avec une main le coin arrière gauche resté libre et avec l'autre celui de droite. Relevons le premier de quelques centimètres et abaissons l'autre de la même quantité, nous aurons réalisé avec cette feuille de papier un gauchissement analogue à celui des ailes de l'appareil Wright.

Les bords avant 1, 2 et 3, 4 de chaque surface portante sont rigides, alors que les bords arrière peuvent se déformer sauf dans la partie médiane (5, 6 et 7, 8).

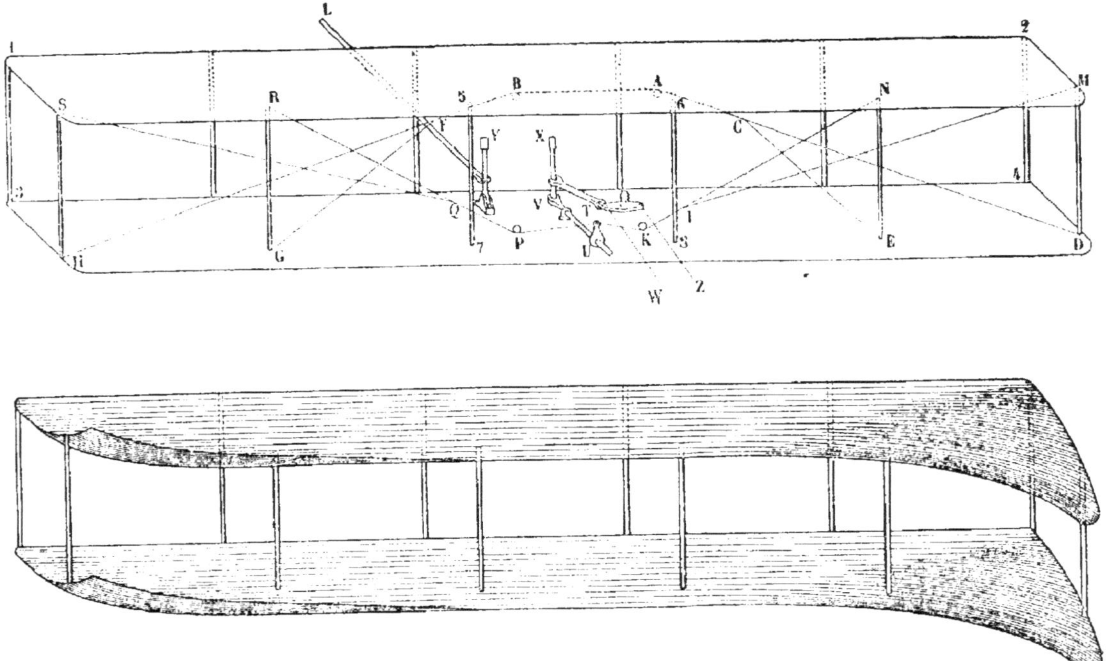

Fig. 26 et 27. — Schéma des commandes de direction et de gauchissement des ailes. —
Vue perspective de l'appareil, les ailes étant gauchies pour produire le relèvement de l'extrémité droite de l'appareil.

Elles peuvent donc subir le gauchissement que nous venons d'indiquer. C'est ce que représente la figure perspective ci-contre. Pour rendre plus facilement visible la déformation des ailes portantes, nous l'avons exagérée. En fait ce gauchissement correspond à un très petit déplacement des bords extrêmes ; le changement d'inclinaison résultant suffit à obtenir une action importante sur la stabilité tranversale.

Il nous reste à voir comment la manœuvre du levier X produit ce gauchissement. L'articulation V utilisée par la manœuvre de direction est montée sur un petit arbre VU portant à son extrémité un levier T. En portant la main droite à gauche l'aviateur tire sur le fil TK qui après passage sur la poulie K se divise en deux fils IN, IM, attachés au sommet des montants de l'extrémité arrière de droite. Le montant 6, 8 étant fixe, les points N et M tirés vers le bas produisent le gauchissement de la portion d'aile comprise entre les points 6, M, 2. Les montants NE, MD communiquent à l'aile inférieure la même déformation.

Pour relever l'aile gauche d'une quantité égale à celle dont l'aile droite est abaissée, M. Wright a établi entre elles une conjugaison qui rend leurs mouvements solidaires. Les extrémités inférieures E et D des montants extrêmes de droite sont reliées aux extrémités H et G de ceux de gauche par des fils CD, CE d'une part, FG, FH d'autre part réunis par le câble CABF qui passe sur les poulies A et B.

La manœuvre du levier X vers la gauche en abaissant les points E et D produit donc le relèvement de G et H et par l'intermédiaire des montants GR, HS le relèvement des points R et S. Les ailes de gauche se relèvent ainsi d'une quantité égale à l'abaissement de celles de droite.

La manœuvre du levier X vers la droite produit un gauchissement inverse.

Stabilité transversale.

Il nous reste à montrer l'emploi des organes de gauchissement en vue d'assurer la stabilité transversale.

Supposons que l'aéroplane étant en marche régulière, le vent vienne à souffler de bas en haut et de gauche à droite par rapport à l'appareil. Nous savons que le point d'application de la résistance de l'air se trouve entre le milieu et l'extrémité de l'aile gauche rencontrée la première par le vent. Le côté gauche de l'appareil se soulève.

Pour ramener l'aéroplane dans la position horizontale portons à gauche le levier X. Il en résulte une augmentation de l'inclinaison des surfaces sustentatrices dans la région de droite, et une diminution dans celle de gauche. La résistance de l'air augmente à droite, diminue à gauche et avec elle sa composante verticale.

Le côté droit de l'aéroplane se relève et l'équilibre transversal est rétabli.

Mais une complication survient : la composante horizontale de la résistance de l'air a aussi augmenté du côté droit, qui par suite ralentit. Si nous nous contentons de la manœuvre indiquée, l'appareil tournera à droite. Pour l'en empêcher on oriente convenablement le gouvernail de direction.

Nous voyons donc que pour relever le côté droit, il faut porter la main droite à gauche (ce qui gauchit les ailes) et en avant (ce qui oriente le gouvernail pour lui faire corriger la déviation due au gauchissement).

Par la manœuvre inverse on relève l'extrémité de gauche.

Virages.

Nous avons vu précédemment qu'en inclinant l'aéroplane, son virage était beaucoup plus facile. Le gau-

chissement des ailes va donc être encore d'une grande
utilité.

Pour tourner à gauche l'aviateur exécute le gauchissement des ailes que nous venons de décrire, ce
qui a pour effet d'incliner l'aéroplane, son côté gauche plus bas que le droit. Dès que l'inclinaison voulue est obtenue, le pilote supprime le gauchissement,
et oriente franchement le gouvernail pour virer à gauche.

Pour reprendre la ligne droite, un gauchissement
inverse redresse l'appareil en même temps que le gouvernail est ramené dans la position de marche en ligne
droite.

La manœuvre nécessitée par un virage est donc
assez compliquée en principe, mais elle se traduit
pratiquement par un mouvement de la main assez
simple, cette dernière décrivant une courbe pour reve-
nir au point de départ.

Conclusion.

Comment expliquer que M. Wright avec un moteur
d'une trentaine de chevaux seulement, ait pu sans difficulté, enlever un passager, alors que les appareils
français nécessitent des moteurs de plus grande puissance ?

Ceci tient à deux causes :

1° L'aéroplane Wright quitte le sol en abandonnant
ses organes de lancement. Les appareils français, au
contraire, enlèvent avec eux leur châssis et leurs
roues. Ils sont en outre munis d'une queue stabilisatrice assez pesante et qui augmente la résistance à
l'avancement (le poids supplémentaire dû à ces organes varie de 80 à 100 kilogs) ;

2° L'appareil Wright comporte deux hélices de grand
diamètre tournant à faible vitesse, aspirant et refoulant l'air sans obstacles, ayant par suite un rende-

ment d'utilisation très élevé. De plus, tous les efforts
secondaires étant symétriques, s'annulent les uns les
autres, ce qui augmente la stabilité transversale de
l'appareil. En outre, le moteur, malgré les quelques
ennuis qu'il a donnés à l'aviateur, est moins capricieux
que les moteurs extra-légers.

Mais ces heureuses dispositions ne vont pas sans de
légers inconvénients. En cas de panne, l'aéroplane ne
peut reprendre son vol, s'il n'a pas à sa disposition, au
moins son chariot et son rail de départ. Il est donc con-
damné à rester à l'endroit où il est tombé. Quant à l'absence de queue stabilisatrice, elle oblige le pilote à
une attention de tous les instants. La conduite de l'appareil comprenant encore la surveillance du moteur,
la manœuvre du gauchissement des ailes et du gouvernail de direction, est donc rendue fort complexe.

Si l'emploi de deux hélices donne de bons résultats,
la commande par chaînes crée un véritable danger, en
cas de rupture d'un maillon. Le récent accident de
M. Wright a montré qu'il faut alors une grande présence d'esprit, pour conserver la stabilité de l'appareil.
C'est pourquoi dernièrement une troisième chaîne a
été ajoutée, reliant directement les deux hélices. Il serait d'ailleurs facile d'imaginer d'autres systèmes de
transmission.

En résumé, des conceptions réellement scientifiques,
dix années de recherches patientes et méthodiques sur
la résistance de l'air, un moteur à fonctionnement régulier, un heureux groupement de tous les organes, la
faculté de gauchir les ailes pour assurer la stabilité
transversale, et une grande valeur d'expérimentateur
sont les principaux éléments du succès de M. Wright.

Mais la mise en service courant d'un appareil n'assu-
rant pas automatiquement sa stabilité, tant longitudinale que transversale, demandera toujours, en plus d'un
pilote bien doué, un apprentissage prolongé.

EN 1912

(Life, New-York)

CHAPITRE V

L'AVENIR DE L'AVIATION

Les difficultés à vaincre.

Ce ne sont pas les encouragements qui vont manquer à la locomotion nouvelle. Il ne se passe guère de semaine qu'un généreux donateur ne vienne inscrire son nom sur la liste déjà longue des bienfaiteurs de l'aviation.

La somme des prix offerts aux courageux pionniers de la conquête de l'air, atteindra bientôt un million. Il est juste qu'une récompense pécuniaire vienne dédommager ces héroïques chercheurs, dont quelques-uns risquent leur fortune et leur vie.

Le peu de place dont nous disposons ici, ne nous permet pas de citer tous les noms de ces généreux Mécènes de l'aviation.

Toutefois, parmi ces concours organisés dans le but de perfectionner l'aéroplane, un surtout attire notre attention, non pas tant par la valeur de la somme offerte, que par les conditions à remplir.

C'est le « Grand Prix Michelin » de 100.000 francs, décerné à la première machine volante, montée par deux personnes, qui, d'ici 1918, ira, par la voie des airs, de Paris à Clermont-Ferrand, au sommet du Puy-de-Dôme, en moins de six heures.

Il se peut que d'ici quelques mois, par temps calme ou vent très faible, un aéroplane muni d'un bon moteur, bien au point, remplisse les conditions d'un tel prix.

Il faudrait bien se garder de conclure et de croire que le problème de la locomotion aérienne est enfin résolu. Une telle prouesse accomplie, dans ces conditions, ne prouverait au contraire rien du tout.

C'est l'histoire de la traversée de la Méditerranée, par les canots automobiles, lors de la course Alger-Toulon. Le premier jour, temps calme, mer superbe, les petits canots donnent une chasse terrible aux torpilleurs. Le second jour, vent de tempête, mer démontée ; ils ne peuvent résister à l'assaut des vagues, et, en quelques heures, tous sont coulés, malgré la vaillance de leurs pilotes.

Il en serait de même pour les navigateurs de l'océan aérien ; nous ne demandons pas encore que les aéroplanes sortent par des vents de tempête, mais pour qu'ils deviennent réellement pratiques, il faut qu'un vent de 15 ou 18 mètres à la seconde ne puisse les effrayer ; ils pourront alors tenir l'atmosphère 300 jours par an.

Quant au moteur, à moins qu'on ne trouve un moyen de rester dans l'atmosphère sans lui, il ne devra pas avoir de défaillances. Or, malgré les progrès considérables, accomplis ces temps derniers, elles sont parfois trop fréquentes.

Si l'aéroplane ne se trouve pas trop haut, au-dessus d'un bon sol, et que la fâcheuse panne survienne, il pourra aisément gagner la terre, et venir s'arrêter au coin d'un bois comme une simple automobile. Mais, si l'imprudent aviateur s'est aventuré à de grandes hauteurs au-dessus d'endroits habités ou dangereux, la descente se transformera en une chute dont il ne sortira pas toujours sain et sauf.

Pour devenir réellement pratique, l'aéroplane devra donc assurer automatiquement sa stabilité, être muni d'un moteur à fonctionnement régulier, sans défaillance, et être capable de regagner la terre à petite vitesse si une panne survient. Si, de plus, il est monté par un conducteur prudent, vérifiant souvent le bon fonctionnement de sa machine, la chute sera chose rare.

Les progrès considérables réalisés ces temps derniers, permettent d'espérer que toutes ces conditions seront réalisées dans un avenir prochain.

Quelles seront alors les applications de ce nouvel engin de locomotion ? Il semble bien téméraire de vouloir les prédire ; car les prévisions les plus optimistes, comme les plus pessimistes, peuvent recevoir du jour au lendemain de retentissants démentis.

L'aéroplane comme instrument de trafic et de sport. Vitesse. — Routes aériennes.

Comme instrument de trafic se déplaçant à grande vitesse, il semble qu'un brillant avenir soit réservé à l'aéroplane. Les routes actuelles, malgré leurs belles lignes droites, sont aujourd'hui insuffisantes ; la circulation en automobile n'y est pas exempte de dangers. La vitesse de 170 kilomètres à l'heure, que les voitures de course ont atteinte cette année, est loin d'y être pratique.

Il faut donc abandonner la route, et emprunter la voie des airs, si on veut aller plus vite.

Là, on ne craindra pas l'éclatement d'un pneumatique, on ne sera pas gêné par les nuages de poussière. Plus de tournants dangereux, de caniveaux, de dos d'ânes. Plus de routes encombrées. La seule précaution à prendre sera de ne voler qu'au-dessus d'endroits propices à un atterrissage. Le passage au-dessus des villes, des cours d'eau, des forêts sera donc toujours une excursion périlleuse.

A moins que le nombre d'appareils volants ne devienne trop considérable, les collisions ne seront pas à redouter ; par contre, il sera à peu près impossible de voler par temps de brouillard.

Les vols de nuit présenteront également une grande difficulté. On ne peut compter sur l'efficacité des feux d'un aéroplane pour prévenir toute chance de rencontre, car il est difficile d'évaluer la distance et la vitesse d'un point lumineux qui se déplace. Pour assurer la sécurité des transports nocturnes, il faudra créer des routes aériennes nettement définies, éclairées par de puissants phares, distants de quelques kilomètres. Un code aérien analogue à celui des marins en réglementera l'usage.

Quelle vitesse réalisera-t-on ?

A peine né, l'aéroplane vole déjà à 60 et 80 kilomètres à l'heure, et il est encore très imparfait et de mauvais rendement.

Après de nombreuses modifications, il sera certainement capable d'atteindre des vitesses prodigieuses : 200, 300 kilomètres à l'heure ; peut-être davantage. Paris ne serait plus qu'à deux heures de Bordeaux, trois de Marseille. Et cela peut-être sans emploi de moteurs de puissance exagérée, car on peut concevoir des appareils se déformant de façon que leur surface de sustentation diminue en même temps que la vitesse augmente ; de sorte que le travail nécessaire pour vaincre la résistance à l'avancement reste constant.

Si nous confions à de telles machines le transport des lettres et des télégrammes, le service des postes sera considérablement accéléré, et la télégraphie même sans fil sera sérieusement concurrencée.

Quelle sera alors la capacité de transport des machines volantes ? Il semble qu'elle soit assez limitée, car à moins d'avoir des surfaces sustentatrices de grande envergure, on ne pourra jamais soulever un poids bien considérable.

Les transatlantiques de l'air n'auront probablement jamais autant de passagers que *la Lorraine* et *la Savoie*, l'aéroplane ne permettra guère le transport en commun sur une grande échelle.

Son principal avantage sera sa grande vitesse. Comme il se déplacera presque toujours en ligne droite, ou suivant des courbes de grand rayon, en un mot « à vol d'oiseau », les ralentissements seront rares, par suite la vitesse moyenne approchera de très près la vitesse maximum. L'automobile, si rapide qu'elle soit, ne pourra donc pas le concurrencer, obligée qu'elle sera de ralentir à tout instant, suivant les défectuosités de la route, virages fréquents, côtes ou descentes dangereuses. Le ballon dirigeable lui-même, devra s'incliner devant l'aéroplane ; par vent propice, il aura de la difficulté à le suivre ; par vent contraire, il sera incapable de lutter.

L'aéroplane, au contraire, sera bien moins dispendieux, et bien moins gênant. Il ne reviendra pas si cher à son propriétaire qu'une simple automobile, et un hangar de dimensions moyennes suffira pour l'abriter. Son rayon d'action sera des plus étendus, les nécessités du ravitaillement détermineront le nombre des escales. Son emploi dans un but commercial, se généralisera donc de plus en plus. Mais avant tout, il tentera les hommes de sport, avides de sensations nouvelles, désireux d'acquérir une plus grande indépendance en rompant les derniers liens qui les rattachent au sol.

Du jour où il se déplacera en sécurité, il n'y aura pas de plus charmante excursion qu'une promenade en aéroplane. Le seul ennui, sera de ne pouvoir s'arrêter au-dessus d'un point déterminé, puisque d'après son principe même, pour se tenir en l'air, il doit être animé d'une certaine vitesse.

Les applications scientifiques de l'aéroplane.
Expéditions aux pôles.

Dans le domaine de la science, l'aéroplane rendra d'importants services, et permettra de s'aventurer dans les régions aériennes, où ni le ballon libre, ni le dirigeable ne peuvent pénétrer sans danger. L'exploration du pôle Nord, déjà tenté par ces deux modes de locomotion, le sera certainement aussi par les machines volantes. En ayant soin de n'avancer que progressivement, en jalonnant sa route à l'avance, et y créant de distance en distance des stations de secours et de ravitaillement, un aéroplane partant d'un point avancé de l'Europe septentrionale, pourrait atteindre le pôle en quelques heures, la distance à franchir n'étant que d'un millier de kilomètres.

Ce projet serait parfaitement réalisable pendant les trois mois d'été des régions boréales, période pendant laquelle la température est d'une constance remarquable voisine de 0°, par conséquent sans grande influence sur la marche du moteur. Nul doute qu'il ne tente d'ici peu les vaillants explorateurs des régions polaires.

L'aéroplane dans l'armée et la marine.
Artillerie aérienne. — Reconnaissances. — Vulnérabilité
de l'aéroplane.

Les applications scientifiques et industrielles de l'aéroplane ne seront peut-être pas réalisées les premières ; l'homme dont le caractère est resté belliqueux, le destine déjà à la guerre ; toutes les armées parlent déjà de l'enrôler.

Il pourra, en effet, y rendre des services inappréciables, comme agent de communication, comme instrument offensif ou comme moyen de reconnaissance.

Les aéroplanes adjoints aux dirigeables, aux pigeons voyageurs, à la télégraphie sans fil permettront à une ville assiégée de communiquer avec l'extérieur en passant à toute vitesse au-dessus des lignes ennemies ; ils seront bien moins vulnérables que leurs concurrents, car le dirigeable peut être facilement détruit par le feu, le pigeon voyageur est souvent victime de l'ennemi, et la télégraphie sans fil n'assure pas toujours le secret des communications.

Quant à son emploi comme instrument d'attaque, sans enlever de véritables pièces d'artillerie, l'aéroplane peut toujours transporter quelques kilos d'explosifs puissants, partir à toute vitesse au-dessus de l'adversaire et y laisser choir ces projectiles ; ceux qui tomberaient dans un état-major, pourraient atteindre des officiers dont l'existence est particulièrement utile à l'armée. Même si l'effet matériel était insignifiant, l'effet moral serait certainement considérable, et les troupes les plus disciplinées ne verraient pas sans un certain effroi, ces terribles engins planer au-dessus de leurs têtes, et contre lesquels elles ne pourraient pas grand'chose.

La machine volante sera donc un agent démoralisateur par excellence.

Mais c'est surtout comme organe de reconnaissance que l'aéroplane aura plus de valeur. Pour se renseigner sur les mouvements de son adversaire, un commandant d'armée ne dispose actuellement que de bien faibles moyens d'investigation.

Ce sont en premier lieu les reconnaissances des officiers d'état-major et de cavalerie, effectuées à cheval, et par suite à rayon d'action assez restreint, de par leur nature même ; elles ne donnent souvent que des renseignements imprécis, quelquefois contradictoires, arrivant presque toujours trop tard ; elles ne permettent de juger la situation que sur une très petite étendue.

Ensuite vient le ballon captif, qui, en s'élevant à plusieurs centaines de mètres, découvre une zone assez large ; mais par suite de son peu de mobilité et de sa très grande vulnérabilité, il doit se tenir à très grande distance des forces ennemies : 5 à 6 kilomètres au moins, hors de la portée des projectiles ; à cette distance l'observation est très difficile, et le ballon peut très bien ne pas découvrir des troupes massées derrières des bois ou des replis de terrain.

Le dirigeable présentera sur le captif l'avantage de pouvoir se déplacer à sa guise, et d'explorer le terrain de divers combats ; en montant très haut, il découvrira une zône bien plus étendue, mais il sera toujours à la merci d'un obus venant y mettre le feu.

L'aéroplane, au contraire, ignorera ce danger, et présentera sur le dirigeable l'avantage d'une bien plus grande vitesse. Avant l'ouverture des hostilités, pendant la concentration des troupes, une reconnaissance d'aéroplane, dévoilera les formations de l'adversaire.

Au moment d'engager le combat, il permettra de reconnaître exactement la position des forces ennemies, de fixer leur emplacement sur la carte.

Même si le front est assez étendu, comme à la bataille de Moukden où Russes et Japonais se trouvaient face à face sur une longueur de 75 kilomètres, un aéroplane l'aura parcouru en moins de deux heures, aller et retour. Si le commandant de l'armée en possède plusieurs à sa disposition, il pourra en très peu de temps, être mis au courant de la situation.

Pendant la bataille, la machine volante sera encore aussi précieuse lorsqu'elle pourra découvrir l'emplacement des réserves et des troupes fraîches de secours gardées pour l'attaque décisive.

Les armées en campagne ne seront pas les seules à tirer profit des reconnaissances d'aéroplanes. Les places assiégées, nous l'avons déjà vu, pourront non seulement communiquer avec le dehors, mais reconnaître le nombre et l'emplacement des troupes assiégéantes et des travaux d'approche. Inversement, un corps de siège pourra découvrir des batteries ou des ouvrages cachés, et par suite aider considérablement le réglage et l'efficacité du tir. Au moment de l'attaque décisive, la machine volante pourra prendre part à l'assaut, et n'arrivera certainement pas la dernière.

Dans la guerre navale, enfin, l'aéroplane sera un merveilleux engin de reconnaissance. En quelques heures, à une allure autrement rapide que celle des torpilleurs, il pourra voltiger au-dessus d'une flotte ennemie, et rapporter de précieux renseignements sur sa composition. Les sous-marins eux-mêmes seront facilement découverts et signalés, car personne n'ignore aujourd'hui que, à une certaine hauteur au-dessus de la mer, on en voit le fond avec une grande netteté. Le sous-marin ne sera plus invisible et rencontrera un adversaire digne de lui dans l'automobile aérienne. L'installation d'une machine volante à bord d'un bateau rencontrerait peut-être quelques difficultés ; toutefois, la chose est possible dès maintenant, puisque, pour s'envoler, l'aéroplane des frères Wright ne demande pas un espace de 20 mètres. On le trouverait facilement sur le pont d'un croiseur convenablement aménagé.

Quels vont être maintenant les dangers que courra l'aéroplane à la guerre ? Si l'on suppose son moteur suffisamment parfait pour ne pas le trahir et l'abandonner au milieu de l'adversaire, il n'aura à redouter que l'infanterie, l'artillerie et les aéroplanes ennemis.

Pour effectuer la reconnaissance d'une zone un peu étendue, l'aéroplane devra se maintenir à une hauteur assez considérable ; il n'apparaîtra alors que comme un oiseau de grande dimension et bien adroit sera le tireur qui pourra l'atteindre. Plus près du sol, sa grande vitesse déconcertera les plus calmes et beaucoup n'auront pas le temps de le voir venir ; le temps de juger de la hausse, le rapide oiseau sera loin.

D'ailleurs, quel mal pourra bien lui faire une petite

balle de quelques millimètres de diamètre, traversant ses plans en toile ? Un petit trou insignifiant, qui ne gênera nullement sa marche.

Pour pouvoir l'arrêter, il faudra atteindre une partie vitale du moteur, des organes de commande ou bien les aviateurs eux-mêmes. Obtenir de tels résultats avec le tir de l'infanterie comporte de telles difficultés que cette arme semble peu redoutable pour l'aéroplane.

En est-il autrement de l'artillerie ? Il semble que non. Le temps nécessaire au pointage d'un canon, quel qu'il soit, est encore supérieur à celui que demande un fantassin pour tirer. Sauf le cas où l'aéroplane se déplacera suivant la ligne de tir, il sera à peu près impossible de faire le pointage. Il sera très difficile d'apprécier la distance qui change à chaque instant et de régler la hauteur d'éclatement du projectile ; l'observation des coups sera très incertaine, et si le but est atteint, le hasard y sera pour beaucoup. Dans ce cas même, l'aviateur peut échapper aux balles du shrapnel et l'appareil continuer sa route. Seul un obus explosif pourrait produire sa chute, si le tir est bien réglé. chose à peu près impossible à réaliser.

Les canons à tir vertical auront les mêmes difficultés à vaincre pour atteindre l'aéroplane ; les coups seront forcément tirés au hasard, sans tenir compte des résultats fournis par les précédents ; de plus, ils présenteront ce grave inconvénient que les projectiles retomberont sur ceux qui les auront lancés. Tant qu'il sera au-dessus de l'ennemi, même à de faibles hauteurs, l'aéroplane sera très peu vulnérable, et pourra faire en toute tranquillité sa besogne de reconnaissance, de destruction et de démoralisation.

Une armée possédant de tels engins aurait donc sur celle qui en serait dépourvue une supériorité écrasante ; l'effet moral sur les troupes serait d'autant meilleur dans l'une, qu'il serait funeste dans l'autre. Le commandant en chef se trouverait dans la position d'un joueur qui connaît toutes les cartes de son adversaire ; sa tâche serait donc singulièrement facilitée.

On comprend alors l'intérêt considérable de la question, et les recherches faites par les états-majors de tous les pays, pour rendre pratique l'emploi des machines volantes.

Qu'arrivera-t-il alors si deux armées en présence en sont munies, et à quel émouvant spectacle assisteront les spectateurs de cette lutte aérienne ?

Comme sur mer, la vitesse y jouera un grand rôle ; le plus rapide restera le maître de la situation, pouvant à son gré poursuivre son adversaire ou bien, au contraire, lui échapper par la fuite.

La mobilité, la facilité et la rapidité d'évolution, joueront également un rôle important ; enfin, l'appareil possédant le plus grand rayon d'action, aura le plus de chance de succès, puisqu'il pourra prolonger la lutte le plus longtemps.

Nous n'avons pas l'intention d'en écrire ici tous les épisodes, nous laissons ce soin à un Wells ou un second Jules Verne, et nous préférons envisager un avenir moins terrible, en songeant à la physionomie que présentera une grande ville comme Paris, lorsque les machines volantes en sillonneront l'atmosphère en toute sécurité. Il est bien évident qu'on ne les y laissera circuler que lorsqu'elles ne risqueront plus de tomber sur les paisibles promeneurs, à moins que les habitants de la surface ne prennent des précautions spéciales pour se garantir contre les chutes d'aéroplanes, ceux-ci voyageant à leurs risques et périls.

Les machines volantes et la ville future.
Frontières.

Il est hors de doute que l'emploi des machines volantes amènera dans les mœurs actuelles de profondes modifications. Beaucoup rêvent déjà de rentrer à leur logis par la voie des airs, en atterrissant sur leurs maisons, dont le toit aurait été transformé en garage pour leurs machines. Rien ne s'oppose à ce qu'une nouvelle réglementation dans la construction des immeubles oblige les propriétaires à établir le dessus des habitations suivant un même niveau défini comme l'alignement des façades. On constituerait ainsi une sorte de rue aérienne uniquement destinée aux aéroplanes. Ils pourraient y prendre leur vol et y atterrir en toute sécurité sans gêner les habitants du dessous.

Mais avant que de telles transformations aient été effectuées, l'aéroplane soulèvera bien d'autres problèmes. Actuellement, sur terre et sur mer, ces limites conventionnelles qu'on appelle frontières, sont parfaitement définies : il sera facile de les étendre théoriquement à la couche atmosphérique qui nous entoure, mais il sera peut-être plus difficile de sévir contre ceux qui ne respecteront pas les conventions établies entre pays limitrophes.

Que deviendront les services des douanes et de l'octroi qui sont pour l'État et les grandes villes une source si importante de revenus ? Comment empêcher la contrebande et vérifier le chargement de la machine volante qui, à grande hauteur la nuit, franchira la frontière? L'espionnage ne pourra-t-il pas s'exercer impunément sur une grande échelle ? Comment arrêter la propagation des maladies contagieuses comme la peste et le choléra, que les aéroplanes pourront véhiculer comme les autres moyens de transport ? Graves questions de droit international que les jurisconsultes auront du mal à résoudre à la satisfaction de tous. Ce ne sont donc pas les règlements qui manqueront à la locomotion nouvelle ; souhaitons qu'ils ne soient pas trop draconiens et ne dressent pas des obstacles insurmontables au développement d'une si magnifique découverte ! Espérons toutefois, que quel que soit l'avenir, le progrès aura raison de la résistance de tous.

Les concurrents de l'aéroplane : Dirigeables, Mixtes, Hélicoptères. — L'appareil de l'avenir.

Quels seront alors les concurrents que l'aéroplane, rencontrera sur sa route ? Sera-t-il cause de la disparition des antiques moyens de locomotion ? C'est peu probable, le chemin de fer, l'automobile, le bateau subsisteront toujours et auront chacun leur clientèle attitrée.

Le métropolitain de Paris, n'a pas causé la ruine des moyens de communication de la surface ; au contraire, par sa concurrence, il les a forcés à s'améliorer et il en est résulté pour eux une augmentation de trafic. D'ailleurs c'est une règle générale de la vie économique, la multiplication des moyens de transport a toujours amené un accroissement notable du nombre des voyageurs.

Dans les agglomérations, pour les petits parcours l'aéroplane luttera difficilement contre le tramway ; pour le transport des marchandises lourdes et sans grande valeur il sera trop onéreux ; pour les longs parcours à grande vitesse, il n'aura pas de rival.

L'aéroplane restera-t-il le roi de l'atmosphère et triomphera-t-il du plus léger que l'air ? C'est à peu près certain, lorsqu'il fonctionnera avec sécurité.

Le dirigeable, avec son énorme poche de gaz, ne pourra jamais lutter avec succès contre un vent violent ; l'aéroplane, au contraire, y sera bien moins sensible et donnera une vitesse moyenne supérieure dans les mêmes conditions. Son grand avantage, surtout, sera son prix de revient modique comparé à celui des auto-ballons ; il ne nécessitera pas, comme eux, une coûteuse installation, et son entretien sera des plus réduits.

Y aura-t-il alliance du dirigeable et de l'aéroplane ? Ce n'est guère possible, car un appareil de ce genre aurait les inconvénients des deux systèmes, sans en avoir les avantages. Dans un dirigeable, en effet, l'équilibre vertical est obtenu sans grande dépense de puissance motrice (pour actionner le ventilateur du ballonnet), mais par contre, pour se déplacer horizontalement, il faut un effort considérable Dans l'aéroplane, c'est l'inverse qui se produit ; le travail nécessaire pour le maintenir dans l'air, est de beaucoup supérieur à celui qu'il faut fournir pour le faire progresser. Si donc, nous construisons un appareil mixte, il faudra à la fois le faire avancer comme un ballon, et le soulever comme un aéroplane; par conséquent, employer, pour atteindre la même vitesse que chacun de ces deux appareils pris isolément, un moteur de puissance sensiblement double. D'autre part, il ne faut pas s'illusionner sur ces prétendus appareils mixtes, qui ne le sont pas du tout, puisqu'ils ne peuvent être à la fois, ni plus légers, ni plus lourds que l'air. S'ils sont justes à la limite, ce sont des ballons en équilibre. S'ils sont plus lourds que l'air, par exemple, de deux ou trois cents kilogrammes, cela diminue le volume de l'aérostat de 200 ou 300 mètres cubes, diminution presque insensible sur un ballon qui devra encore cuber 2 ou 3,000 mètres, pour pouvoir enlever le reste de l'appareil. On aurait donc un engin presque aussi volumineux qu'un plus léger que l'air, et qui devrait soulever un aéroplane de 200 ou 300 kilogrammes. Le seul avantage que présentent ces appareils, c'est qu'en cas de panne du moteur, la descente n'est pas aussi rapide qu'à bord d'un aéroplane, à la condition qu'elle n'ait pas lieu d'une grande hauteur ; sinon, il faut jeter du lest, en quantité considérable ; on ne peut donc le supprimer.

Bien que ces appareils ne soient pas appelés à se généraliser, les belles expériences auxquelles s'est livré dernièrement M. Malecot, avec un aérostat de ce genre, doivent être encouragées au même titre que les autres, car on en tire toujours de précieux enseignements. Il serait puéril de condamner les « mixtes », sans appel, on ne sait jamais les résultats qu'ils peuvent donner (1).

En cas d'avarie du moteur, nous espérons bien que les aéroplanes se sauvegarderont de la chute, sans pour cela, s'accrocher à un ballon. Par une combinaison savante, de plans et de parachutes, on trouvera peut-être le moyen de regagner le sol sans danger.

Le seul concurrent sérieux de l'aéroplane, sera l'hélicoptère qui pourra, non seulement, s'enlever verticalement, au-dessus d'un point donné, mais stationner au-dessus de ce point autant qu'il le voudra ; il sera peut-être moins rapide, et nécessitera un moteur plus puissant, puisqu'il devra se soutenir et se déplacer en même temps par la rotation d'hélices ; par contre, son équilibre sera plus facile, et plus sûr.

Comment sera-t-il constitué ? Combien aura-t-il de moteurs et d'hélices ? Il est difficile de le prévoir, car les embryons d'appareils existant actuellement, ne sont que de timides essais. Les aéroplanes actuels subiront également de profondes modifications, et ce ne sera peut-être pas sans une certaine ironie que nos petits-enfants admireront dans les musées les premières machines volantes.

Il se peut aussi, que l'appareil de l'avenir soit une combinaison de l'aéroplane et de l'hélicoptère, profitant à la fois des avantages des deux systèmes : aéroplane, pour se déplacer rapidement, hélicoptère, pour rester stationnaire. Mais quel qu'il soit, tout ce que nous avons dit des applications de l'aéroplane, reste vrai pour les machines volantes en général.

---

(1) Le Malécot est un ballon allongé comportant des plans analogues à ceux d'un aéroplane, une première nacelle où se trouve le moteur et une seconde pour les passagers. Cette dernière roule sur un câble fixé aux deux extrémités du ballon ; lorsqu'elle est à l'arrière, elle force l'aérostat à s'incliner l'avant vers le haut, si donc on met le moteur en marche, le ballon s'élève. Inversement pour l'abaisser ; on réalise ainsi à volonté des différences de niveau de plusieurs centaines de mètres sans dépenser de lest.

CONCLUSION

Dans le rapide exposé qui précède, nous avons cherché autant que possible à dégager les principes de fonctionnement de l'aéroplane. Nous avons étudié quelques-uns des types les plus connus, sans vouloir prendre parti pour les uns ou pour les autres. La question nous paraît trop nouvelle encore pour que l'on puisse avoir des convictions absolues sur ce sujet.

Monoplans et biplans ont à leur actif de remarquables performances, et il convient de louer également les champions des deux systèmes.

La presse française a beaucoup discuté ces temps derniers sur les valeurs respectives de l'école française et de l'école américaine. Après avoir nié d'abord les résultats annoncés par les frères Wright, elle a crié très haut que l'appareil expérimenté au Mans était de beaucoup supérieur aux aéroplanes français.

C'est, croyons-nous, passer d'une exagération à une autre. Admirons les frères Wright, dont le « flyer » a fait de remarquables vols ; rendons hommage à leur talent, mais soyons justes envers nos compatriotes et ne méconnaissons pas leurs travaux.

L'appareil de l'avenir profitera probablement des enseignements des deux écoles. Quelle sera sa forme définitive ? Nous l'ignorons encore. Dans combien de temps permettra-t-il à tous de se déplacer rapidement par la voie aérienne ? Nous laissons à nos lecteurs le soin de le fixer, en leur faisant remarquer toutefois que le délai ne saurait être très long. N'oublions pas que quinze ans ont suffi à l'automobilisme pour arriver au développement actuel. Peut-être verrons-nous l'aviation battre ce record.

En terminant, associons dans un même sentiment de reconnaissance les noms des intrépides chercheurs qui doteront l'humanité d'un procédé nouveau de transport, et les généreux bienfaiteurs, qui, par leurs dons et leurs encouragements, leur viennent en aide et préparent l'ère de la locomotion aérienne.

Souhaitons que la France, qui a déjà tant fait pour la conquête de l'air, sache conserver, au milieu des efforts du monde entier, la place d'honneur qu'elle y a toujours eue.

APPENDICE

Nous croyons intéresser le lecteur en reproduisant ici les impressions de M. Painlevé, membre de l'Institut, comme passager à bord de l'aéroplane Wright, et de MM. Farman et Blériot, publiées à la suite de leur premier voyage aérien.

Nous les avons fait suivre de l'étude de quelques aéroplanes actuels que M. Painlevé a bien voulu nous donner.

Nous avons terminé par le bilan de l'aviation. Le tableau emprunté à la revue *Omnia* (n° 149), comprend seulement le relevé des vols mécaniques exécutés à l'aide d'appareils munis de moteurs.

Au moment de mettre sous presse, nous apprenons que les records, mentionnés plus loin au bilan de l'aviation, viennent d'être battus par M. Wilbur Wright. Par un vol de 1 heure 54 minutes 22 secondes 3/5, exécuté le 18 décembre 1908, il est devenu détenteur de la coupe Michelin, couvrant officiellement 99 kilomètres (la distance réelle étant d'environ 120 kilomètres). Par un autre vol effectué le même jour à plus de 100 mètres de hauteur, il a gagné le « Prix de la hauteur de l'Aéro-Club de la Sarthe ».

IMPRESSIONS D'UN PASSAGER

L'homme sait aujourd'hui voler, puisqu'il existe un homme qui sait voler.

Cet homme, son visage est déjà populaire ; mais ce que ne traduisent ni les caricatures ni les portraits, ce sont ses yeux et un regard qui a quelque chose, en même temps, d'indomptable et de candide.

Il lui a fallu, en effet, une volonté et une foi invincibles, un effort obstiné et quotidien de dix années, pour vaincre les caprices, les défaillances, les périls du fluide impalpable, fuyant, élastique, qui nous enveloppe. Si l'onde est perfide, de quelles trahisons l'air n'est-il point capable ?

Les anciens vantaient la hardiesse des premiers navigateurs. Qu'auraient-ils dit de ces nouveaux navigateurs qui doivent emprunter à un corps mille fois plus léger qu'eux-mêmes à la fois leur point d'appui, leur équilibre et leur vitesse ?

L'instrument qui accomplit cette merveille est si léger et si souple, son apparence si fragile qu'on le prendrait pour un jouet d'enfant agrandi. Et cependant on se livre à lui avec une sécurité absolue, tant on le devine parfaitement adapté aux efforts utiles qu'il doit subir, et propre à employer, en s'y pliant, sans jamais les contrarier brutalement, toutes les ressources mécaniques de l'air.

Le sapin d'Amérique, si remarquablement résistant, a donné là sa mesure sous la main ingénieuse de l'aviateur, dont l'art manuel a quelque chose de l'inlassable patience chinoise.

Le signal est donné : nous voilà lancés dans l'espace. Sensation de délices et de vertige. Il semble qu'on perd son poids en quelques secondes ; suivant la pittoresque expression de M. Deutsch, on se croirait un oiseau qui s'envole avec sa cage. Mais, d'un geste malencontreux, en rattrapant ma casquette qui s'envole, je coupe l'allumage. L'appareil atterrit doucement et le vol s'arrête à peine commencé.

Nous voici repartis : nous volons, nous volons ; nous tournons une fois, deux fois, vingt-neuf fois autour du vaste camp. Avec deux petits leviers, sans effort, Wright vire, incline son aéroplane, le redresse, s'élève, redescend en se jouant. Les fils de commande, si délicats, sont les prolongements des nerfs du pilote. Il sent l'air avec ses toiles comme l'oiseau avec ses ailes : la stabilité est complète, sans vibrations. A peine un faible tangage régulier, que réprime sans cesse une légère manœuvre de la main gauche. Un remous nous prend à un virage. Wright ramène son appareil comme un cheval qui fait un écart, et je comprends, aux applaudissements d'en bas, qu'il vient d'accomplir quelque chose d'émouvant, mais je m'en doutais à peine. Nous tournons, nous tournons, mais ce n'est plus sur le camp d'Auvours que nous planons dans la nuit grandissante, c'est sur la face indéfinie de la terre, dominée, conquise par le grand oiseau.

Wright a battu son record : il a volé une heure neuf minutes quarante-cinq secondes, parcouru plus de soixante-dix kilomètres. Il s'est arrêté parce que cela lui a plu. Il avait emporté avec moi quarante-cinq litres d'essence : de quoi voler deux heures encore.

La conquête de l'air est maintenant accomplie. Demain, sur des appareils plus grandioses, des moteurs sûrs et puissants, affranchis des restrictions de poids, enlèveront à toute autre vitesse des fardeaux autrement lourds. Le plus grand défi que la nature avait porté à l'homme est enfin relevé.

Paul Painlevé,
(de l'Académie des Sciences).

(Le Matin. 11 octobre 1908.)

LES IMPRESSIONS
D'UN PREMIER VOYAGE AÉRIEN

30 octobre 1908.

Excusez-moi, chers lecteurs, mais je ne puis résister à l'envie de vous conter les émotions que j'ai éprouvées, les observations que j'ai faites, le charme que j'ai ressenti.

Tout d'abord, j'étais un peu ému, et cela peut se concevoir. Si, à brûle-pourpoint, on vous disait : « Montez dans cet aéroplane, partez franchement ; les obstacles naturels et ceux dressés par la main de l'homme ne sont rien lorsque vous évoluez dans le calme de la nature », vous hésiteriez peut-être. On ne sait pas ce qui peut arriver, et j'avoue que le départ de ce premier voyage m'avait quelque peu impressionné.

« Comment, me disais-je, au bout de quelques minutes que je me trouvais isolé dans l'atmosphère — ne comptant que sur la stabilité de l'appareil et sur la régularité du moteur — comment vais-je faire lorsque je vais me trouver au-dessus des grands peupliers que je vois tout là-bas, dans la direction de Mourmelon-le-Petit ? A présent, cela va très bien. La terre est plate et la nature s'est comportée vis-à-vis de moi d'agréable façon. »

Et tandis que je fais ces réflexions, les peupliers grandissent de façon surprenante; les corbeaux, qui tenaient une assemblée criarde, s'enfuient épouvantés à mon approche. Ah! ces peupliers de trente mètres!

Fallait-il les passer à droite ou à gauche ? Mon indécision est de courte durée, car je suis à peine à cinquante mètres du vaste et haut bosquet. Ma foi, tant pis, un coup d'équilibreur, et l'appareil s'élève rapidement et passe cependant que, d'un œil inquiet, je regarde au-dessous de moi si les cimes ne seront pas frôlées. Ça va bien : allons, tant mieux !

Ma tranquillité est cependant de courte durée. Voici le moulin de Mourmelon, et Mourmelon lui même. « Bah ! pensais-je, on ne meurt qu'une fois ! » Le moulin, le village, le chemin de fer, je passe au-dessus.

Ça été le point le plus critique de mon voyage. Je surveillais le vent, ce vent qui tourbillonne au-dessus des grands arbres, qui vous abat lorsque vous passez au-dessus des petit bois, qui vous attire vers le ciel quand vous franchissez des routes en des terrains plats, ce vent sournois et traître m'émeut parfois. Mais l'appareil ne bronche pas un seul instant.

Enfin, on ne se rend pas bien compte de la hauteur. On m'a dit que je planais à cinquante mètres, c'est peut-être vrai, car je m'élevais le plus haut possible pour que les peupliers ne me cueillent pas au passage.

Toutefois, l'attention que j'ai dû prêter à la direction de l'appareil, à écouter le moteur dont les « ratés » m'inquiétaient de temps en temps, à entendre le ronflement de l'hélice, tout cela mis à part, j'ai goûté la plus belle joie de ma vie : le charme de planer au-dessus de mes semblables, cependant que les paysans s'enfuyaient par bandes, que, de toutes parts, accouraient des gens qui semblaient petits, petits ; que le chemin de fer fumant et crachant suivait sa ligne uniforme, et que les autos disparaissaient sous des flots de poussière. A ce moment, je me trouvais dans un air pur, caressé d'une brise douce, et le soleil éclairait la route limpide et sereine.

HENRI FARMAN.

(Le Matin.)

MA PROMENADE EN BEAUCE

31 octobre 1908.

J'ai éprouvé une bien grande joie en accomplissant ce vol, que je désirais depuis longtemps tenter. L'expérience a parfaitement réussi. M'affranchir des champs exigus de manœuvre où l'espace manque, où l'essor est paralysé, où d'inexorables barrières enserrent le vol, telle était jusqu'à présent ma grande préoccupation.

J'ai pu enfin me lancer dans l'azur, en plein ciel, avec devant mes yeux, la route aérienne et fluide, par-dessus la plaine baignée de rayons... Au fur et à mesure que je m'élevais, je voyais, non sans émotion, les champs se rapetisser, le paysage s'estomper, fuir avec les maisons minuscules, qui avaient l'air de jouets d'enfant.

Les routes, les talus, les arbres, les fossés, tout galopait sous moi dans une fantasmagorie de songe. Je côtoyais les villages aux blancs clochers, les fermes riant au soleil. Des laboureurs me regardaient, avec, dans les yeux, une stupéfaction soudaine, le geste interrompu, la face ébahie.

Ce qui me frappa le plus, ce fut la quantité de gibier que je trouvai sur ma route. Je suis chasseur et je fus étonné du spectacle qui se déroulait autour de moi. Des lièvres se sauvaient dans les futaies ; des vols de perdreaux s'effaraient devant mon appareil dans une fuite éperdue. Je passai au-dessus de pacifiques troupeaux de moutons. Je fus émerveillé, en dominant un tel décor, de poursuivre sans encombre cette route idéale.

Quel temps superbe ! Pas le moindre souffle, l'atmosphère calme bruissait, légère, à travers les grandes ailes déployées. La manœuvre de mon appareil ne nécessitait aucun effort. Je volais librement, doucement, avec une extraordinaire facilité. Je m'étais tracé une route sur la carte et je la suivais avec une parfaite exactitude, sans dévier un instant de la ligne voulue.

Je n'avais pas le temps de m'occuper de ce qui se passait à mes pieds ; le paysage courait toujours dans la vive lumière. J'avais l'exacte sensation d'être l'esclave de mon moteur. J'écoutais avec une appréhension secrète ses réguliers battements ; il battait comme le cœur de la vivante machine. Ah ! si jamais ce cœur s'arrêtait !

L'atterrissage s'effectua sur ces admirables champs de Beauce, à la terre parfumée... Il fut excessivement doux. Je volais à quatre-vingts à l'heure et l'appareil roula sur les sillons, sans s'enfoncer, comme sur un tapis.

Oui, ce fut pour moi une inoubliable fête qui restera gravée dans mon cœur en un impérissable souvenir ! Sentir autour de soi le frémissement mystérieux de l'élément dompté ; dominer les êtres et les choses, lancé comme une flèche dans la lumière : oui, c'est une sensation profonde et délicieuse ! Les hommes s'orientent aujourd'hui vers une vie nouvelle. Librement, ils franchiront les libres espaces ; ils auront raison des obstacles terrestres ; ils vivront la vie merveilleuse et sublime des oiseaux. La conquête de l'air ? Ce rêve — le plus beau — qui, depuis Icare, hanta le cœur des hommes, est aujourd'hui une réalité.

Louis Blériot.

(Le Matin.)

LES DEUX ÉCOLES D'AVIATION

PAR

M. P. PAINLEVÉ

Membre de l'Institut

LES DEUX ÉCOLES D'AVIATION

L'année 1908 a mis en présence les Wright et les aviateurs français. Ceux-ci forment, depuis six ans, une brillante et héroïque pléiade qui a multiplié les essais et les formes d'appareils : après Tatin et Ferber, sont venus les Voisin, Blériot, Esnault-Peltrie, Farman, Delagrange, Kapferer, Gastambide-Mangin, Zipfel et d'autres. Parmi eux, c'est Farman, monté sur un appareil Voisin, qui a tenu tête le plus heureusement aux deux aviateurs américains.

Comparons rapidement l'appareil Wright et l'appareil Voisin.

Pour qu'un aéroplane se soutienne dans l'air, il faut d'abord qu'il possède un moteur capable de lui conserver, malgré la résistance de l'air, une vitesse suffisante.

Cette première condition essentielle remplie, il faut que l'appareil garde une orientation correcte : il faut qu'il ne penche ni en avant, ni en arrière, ni à droite, ni à gauche ; il ne faut pas non plus que sa direction dévie. En un mot, il faut que l'appareil ne *tangue*, ni ne *roule*, ni ne *festonne*, ou que le pilote soit capable de réprimer ces velléités de déséquilibre dès qu'elles se produisent.

Ce sont ces moyens d'obtenir cette stabilité qui diffèrent dans le biplan Wright et dans le biplan Voisin.

Les Wright ont recherché avant tout la simplicité, la légèreté et la souplesse (les expériences d'Auvours ont montré avec quel succès !) Ils ont supprimé hardiment queue et quille. Mais l'équilibre de leur appareil est tout entier dans la main du pilote.

Trois manœuvres distinctes s'opposent aux trois perturbations possibles : en particulier, le gauchissement des ailes permet de redresser le « flyer » s'il penche *de côté*, ou, au contraire, de lui donner une inclinaison latérale arbitraire. Dans les virages, les deux mains des pilotes doivent effectuer une triple manœuvre. S'il est adroit, il peut opérer des virages parfaitement corrects et très courts, décrire des huit, descendre, en spirale, etc. Dans ses dernières expériences, on sait que Wilbur Wright a volé deux heures de suite, couvert environ 120 kilomètres effectifs, qu'il s'est élevé à plus de 100 m., par un fort vent, qu'il a coupé l'allumage à belle hauteur.

Les Voisin, eux, réalisent automatiquement la stabilité latérale : à cet effet, s'inspirant d'une idée de Langley et de Chanute qu'avait déjà mise à profit Santos-Dumont, ils cloisonnent les ailes et la queue de leur biplan, comme on cloisonne les cerfs-volants en forme de boîte à cigares. Grâce aux proportions bien choisies de ses diverses parties, l'appareil (bien que ses ailes soient rigides), prend de lui-même dans les virages l'inclinaison convenable. Deux manœuvres seulement sont donc nécessaires : celle du gouvernail vertical d'arrière pour virer, celle du plan horizontal d'avant pour monter et descendre. Encore cette dernière manœuvre est-elle grandement simplifiée par la longue queue de l'appareil, qui amortit automatiquement le tangage.

Mais cette commodité de manœuvre est achetée par plusieurs inconvénients :

1° *Alourdissement de l'appareil.* — Le biplan Voisin pèse environ 150 kilogrammes de plus que le Farman, mais une moitié seulement de ce poids (le poids de la queue) doit être mise à la charge du système. L'autre moitié est le poids du chariot qui permet à l'appareil de s'envoler n'importe où. Si Wright voulait s'envoler avec les seuls moyens du bord, il lui faudrait s'alourdir d'un chariot analogue ;

2° *Docilité moindre à la manœuvre.* — Les virages de l'appareil Voisin sont plus larges et moins corrects que ceux de Wright ; d'une manière générale les tours de force de souplesse du « flyer » Wright lui sont interdits.

3° *Résistance plus grande à l'avancement.* — Cet accroissement de résistance (due surtout au cloisonnement) entraîne un accroissement corrélatif de puissance motrice. En outre, l'hélice unique courte et à rotation rapide de l'appareil Voisin, a un rendement moindre que les deux grandes hélices lentes des Wright. Mais ce dernier inconvénient est en partie racheté par la simplicité de transmission (emprise directe de l'hélice sur l'arbre du moteur). De plus, si l'hélice unique crée une dissymétrie (à laquelle il est d'ailleurs facile de remédier), elle ne prête point au grave accident qui se produit dans le cas de deux hélices, quand une seule s'arrête.

En définitive, le biplan Voisin exige moins d'adresse et de présence d'esprit du pilote que le « flyer » Wright. En revanche, il est moins souple à manœuvrer, il monte moins rapidement, atterrit moins légèrement. Mais à Mourmelon, le Farman s'est montré très stable sans le vent ; il a parcouru d'un vol 50 kilomètres effectifs ; il a effectué sans tangage ni roulis de multiples virages. dont un avec moi comme passager ; il a fait de belles randonnées à grande hauteur au-dessus du camp de Châlons ; sa traversée de Châlons à Reims est dans toutes les mémoires. Si le Wright, avec son léger tangage, a la souplesse d'un oiseau qui s'abandonne à l'air, le Farman a la fermeté d'une flèche lancée. La véritable infériorité du Farman, c'est d'exiger 40 chevaux au lieu de 25 : c'est pourquoi, malgré sa plus grande vitesse (70 kilomètres à l'heure au moins au lieu des 60 de Wright), les défaillances de son moteur l'ont laissé fort en-dessous des records de Wilbur Wright, non seulement en durée, mais en distance.

Je viens de comparer le « flyer » Wright et le biplan Farman. Mais, à côté de Farman, il faut citer Delagrange. qui, sur un autre biplan Voisin, a, pendant des mois, battu les records successifs de Farman. Il faut enfin. pour que la comparaison des aviateurs américains et de l'Ecole française ne soit pas incomplète, signaler les prouesses des monoplans français qu'on peut rattacher à l'avion d'Ader. Ceux-ci, notamment les monoplans de Blériot et d'Esnault-Pelterie, sont remarquables par leur légèreté et leur grande vitesse. Ils comportent, comme l'appareil Wright, une triple manœuvre : le Blériot, par exemple, est muni d'ailerons latéraux que le pilote peut abaisser ou redresser. Cette manœuvre, qui correspond au gauchissement des ailes du Wright, lui permet d'incliner de côté son appareil ou, au contraire, de le redresser. C'est sur un tel monoplan que Blériot a volé un jour huit minutes en virant par un vent violent ; c'est un autre monoplan analogue qui a accompli la célèbre traversée de la Beauce. Mais, malgré les procédés variés qu'ont employés les inventeurs pour réaliser une stabilité quasi automatique (longue queue, quille verticale. formes en V des ailes, etc.), le virage jusqu'ici a été fatal aux monoplans.

Leurs partisans affirment (et c'est aussi l'opinion de Wilbur Wright) que cette infériorité est toute provisoire et que, abstraction faite de l'encombrement et de la difficulté de construction, le monoplan peut accomplir aussi facilement tout ce qu'accomplit le biplan. D'autres aviateurs, tels que Chanute jugent, pour plusieurs raisons mécaniques, le biplan plus stable en soi que le monoplan, et attribuent notamment à l'emprisonnement des filets d'air rapides entre les deux ailes un effet stabilisateur qu'accentue encore le cloisonnement. L'instabilité des monoplans dans les virages semble donner raison à Chanute. Mais, quoi qu'il en soit, il est vraisemblable qu'avant peu, quand l'éducation de l'homme-oiseau sera plus parfaite, la légèreté, la vitesse, la « fringance » des monoplans leur fera jouer un rôle brillant dans la conquête de l'air. Les « monoplanistes » seront alors récompensés de leur persévérance.

De nombreuses formes nouvelles de monoplans, de biplans, de triplans, de multiplans, des procédés variés de stabilisation entraînant moins de poids et de résistances que la queue ou le cloisonnement, sont aujourd'hui à l'étude et verront le jour demain.

Tous ces efforts parallèles vont se poursuivre et rivaliser durant quelques années pour le plus grand progrès de l'aviation.

Paul PAINLEVÉ,

(de l'Académie des sciences.)

20 décembre 1908.

LE BILAN DE L'AVIATION

TABLEAU des résultats obtenus par les différents aviateurs ayant fait contrôler leurs tentatives.

DATE	LIEU	DURÉE	DISTANCE	CIRCONSTANCES
ADER				
(Avion)				
14 oct. 1897	Satory	»	300 mètres	L'appareil est entraîné par un vent violent suivant un parcours aérien de 300 m.
SANTOS-DUMONT				
Appareil cellulaire				
22 août 1906	Bagatelle	»	»	Premier vol mécanique officiel exécuté en France. L'appareil quitte le sol quelques instants, se soutenant par ses propres moyens.
14 septembre	—	8 secondes	»	
24 octobre	—	»	50 mètres	
13 novembre	—	»	0 mètres	Premier essai de virage.
—	—	»	82 m. 60	
—	—	21 s. 1 5	220 mètres	
Appareil biplan				
17 nov. 1907	Issy-les-M.	»	50 à 200 m.	Plusieurs vols.
Appareil monoplan				
21 nov. 1907	Bagatelle	»	100 à 145 m.	Plusieurs essais.
VUIA				
Appareil monoplan				
8 oct. 1906	Issy-les-M.	»	4 à 5 mètres	
Décembre	Bagatelle	»	»	Divers essais
Mars 1907	—	»	»	
17 juillet	—	»	60 mètres	
DELAGRANGE				
Appareil biplan				
16 mars 1907	Bagatelle	»	10 mètres	
30 mars	—	»	200 mètres	
16 mars 1908	Issy-les-M.	»	200 mètres	
—	—	»	500 mètres	
—	—	»	600 mètres	
20 mars	—	»	»	Premiers essais de virage.
21 mars	—	»	1 km. 500 m.	
24 mars	—	»	»	Tourne deux fois autour du champ de manœuvres.
10 avril	—	»	2 km. 500 m.	
11 avril	—	»	3 km. 925 m.	
27 mai	Rome	»	5 kilomètres	
—	—	5 m. 25 s.	9 kilomètres	
30 mai	—	»	12 km. 500 m.	
22 juin	Milan	»	17 kilomètres	
9 juillet	Turin	»	150 mètres	1er vol avec passager: M. Peltier.
—	—	»	200 mètres	2e vol avec passager: M. Montu.
6 septembre	Issy-les-M.	29 m. 53 s. 1 5	24 km. 727 m	
17 septembre	—	30 m. 27 s.	»	

DATE	LIEU	DURÉE	DISTANCE	CIRCONSTANCES

BLÉRIOT
Appareil monoplan

DATE	LIEU	DURÉE	DISTANCE	CIRCONSTANCES
5 avril 1907	Bagatelle	5 à 6 secondes	»	
11 juillet	—	»	25 à 30 mètres	
25 juillet	Issy-les-M.	»	125 mètres	
—	—	»	150 mètres	
6 août	—	»	143 mètres	Altitude atteinte : 12 mètres.
17 septembre	—	»	186 mètres	
1ᵉʳ décembre	—	»	»	Premiers essais de virage.
4 décembre	—	»	200 mètres	
6 décembre	—	»	400 mètres	
—	—	»	600 mètres	
17 juin 1908	—	»	»	
29 juin	—	»	700 mètres	
4 juillet	—	5 m. 47 s.	6 kilomètres	Plusieurs virages réussis.
—	—	7 minutes	»	
6 juillet	—	8 m. 43 s.	»	
21 octobre	Toury	»	7 kil. environ	Vent violent.
31 octobre	—	11 minutes	14 kilomètres	Vol de Toury à Artenay. Retour à Toury après deux atterrissages. Parcours total de 28 kilom. Premier voyage aérien avec retour au point de départ.

FARMAN
Appareil biplan

DATE	LIEU	DURÉE	DISTANCE	CIRCONSTANCES
15 octob. 1907	Issy-les-M.	»	285 mètres	
26 octobre	—	»	363 mètres	
—	—	»	403 mètres	
—	—	»	771 mètres	Ébauche une courbe d'un quart de cercle.
27 octobre	—	»	»	
30 décembre	—	»	»	Accomplit un demi-cercle.
13 janv. 1908	—	1 m. 28 s.	1 km. 500 m.	Prix Deutsch-Archdeacon.
21 mars	—	»	2 km. 004 m.	
29 mai	Gand	»	131 mètres	Avec M. Archdeacon.
—	—	»	138 mètres	—
2 juin	—	»	1 km. 241 m.	—
6 juillet	—	19 s. 3/5	19 km. 700 m.	Prix Armengaud.
29 septembre	Châlons-s/M.	42 m.	39 kilomètres	
30 septembre	—	43 m.	41 kilomètres	
2 octobre	—	44 m. 32 s.	40 km. envir.	
28 octobre	—	4 m.	2 kilomètres	Avec M. Painlevé.
30 octobre	—	17 m.	27 kilomètres	Premier vol de ville à ville qui aic jamais été exécuté. Farman parti de Châlons atterrit à Reims après avoir passé au-dessus de plusieurs villages.
31 octobre	—	»	»	Gagne Prix de la hauteur : 25ᵐ.

ESNAULT-PELTERIE
Appareil monoplan

DATE	LIEU	DURÉE	DISTANCE	CIRCONSTANCES
19 octob. 1907	Buc.	»	»	1ʳᵉ envolée à 6 m. de hauteur sur une dist. non contrôlée.
octobre	—	»	30 mètres	
—	—	»	150 mètres	
7 octobre	—	»	»	Réussit plusieurs crochets en plein vol.
8 juin 1908	—	»	1 km. 200 m.	Atteint une hauteur de 30 m.

DATE	LIEU	DURÉE	DISTANCE	CIRCONSTANCES

DE LA VAULX
Appareil monoplan

DATE	LIEU	DURÉE	DISTANCE	CIRCONSTANCES
18 nov. 1907	Saint-Cyr	»	160 mètres	

DE PISCHOFF
Appareil biplan

DATE	LIEU	DURÉE	DISTANCE	CIRCONSTANCES
17 déc. 1907	Issy-les-M.	»	1500 et 100 m.	

GASTAMBIDE-MENGIN
Appareil monoplan

DATE	LIEU	DURÉE	DISTANCE	CIRCONSTANCES
8 février 1908	—	»	5 à 6 mètres	
12 février	Bagatelle	»	100 à 150 m.	
21 août	Issy-les-M.	1 m. 30 s	1 km. 600 m.	En circuit fermé.

PAUL CORNU
Hélicoptère

DATE	LIEU	DURÉE	DISTANCE	CIRCONSTANCES
26 mars 1908	Coquainviller	»	»	L'appareil s'élève à 40 cm. du sol.

BRÉGUET
Appareil dit « gyroplane »

DATE	LIEU	DURÉE	DISTANCE	CIRCONSTANCES
22 juillet 1908	Douai	»	20 mètres	Hauteur atteinte : 4 mètres.

WILBUR WRIGHT
Appareil biplan

DATE	LIEU	DURÉE	DISTANCE	CIRCONSTANCES
8 août 1908	Hunaudières	1 m. 45 s.	»	Ht. : 10 m. parc. 2 boucl. ferm.
11	—	3 m. 43 s.	»	Ht. : 15 mètres. 3 boucles.
12	—	6 m. 56 s.	»	Ht. : 20 mètres. 6 boucles.
13	—	8 m. 13 s. 2/5	»	Ht. : 30 mètres.
3 septembre	C. d'Auvours	10 m. 40 s.	»	Ht. : 40 m. Exécute un huit et 4 boucles fermées.
5	—	19 m. 48 s 2/5	»	
10	—	21 m. 43 s. 2/5	»	
16	—	39 m. 18 2. 3/5	»	
16	—	2 m. 20 s.	»	1er vol avec passager : M. E. Zens.
21	—	1h 31m 25s 4/5	»	
25	—	9 m. 1 s. 3/5	»	Avec M. P. Zens.
28	—	11 m. 35 s.	»	Avec M. Paul Tissandier.
3 octobre	—	55 m. 37 s. 2/5	»	Avec M. Frantz Reichel.
6	—	1h 4m 26s 1/5	»	Avec M. A. Fordyce.
10	—	1h 9m 45s 2/5	»	Avec M. Painlevé.

CAPITAINE FERBER
Appareil biplan

DATE	LIEU	DURÉE	DISTANCE	CIRCONSTANCES
12 août 1908	Issy-les-M.	»	»	Premiers essais.
19	—	»	250 mètres	Appareil piloté par M. Legagneux.
10 septembre	—	»	500 mètres	

DATE	LIEU	DURÉE	DISTANCE	CIRCONSTANCES

ORVILLE WRIGHT

DATE	LIEU	DURÉE	DISTANCE	CIRCONSTANCES
9 sept. 1908	À Fort-Myers	77 m. 21 s.	55 km. 500 m	
9 —	—	6 minutes	»	Avec le lieutenᵗ Franck Lahm.
9 —	—	52 m. 30 s.	»	
10 —	—	1 h. 5 m. 57 s.	»	Atteint jusqu'à 60 m. de haut.
11 —	—	1 h. 10 m. 59 s.	»	A 60 mètres de haut.
12 —	—	9 m. 6 s.	82 kilomètres	
12 —	—	9 m. 6 s.	»	Avec le lieutenant Squer.
17 —	—	»	»	Vol de 4 minutes avec le lieutenant Selfridge, interrompu par accident et chute mortelle pour Selfridge.

DE CATERS

Appareil triplan

DATE	LIEU	DURÉE	DISTANCE	CIRCONSTANCES
26 oct. 1908	À Bruxelles	»	800 mètres	A 1m.50 de hauteur.

Progression des vols mécaniques.

RÉSULTATS OBTENUS	AVIATEURS	DATES
Premier vol mécanique exécuté au monde....	Ader.	17 octobre 1897.
Un aéroplane quitte le sol quelques instants par ses propres moyens....	Santos-Dumont.	22 août 1906.
Vol de 7 à 8 mètres....	Santos-Dumont.	14 septembre 1906.
— 50 mètres....	Santos-Dumont.	24 octobre 1906.
— 60 mètres....	Santos-Dumont.	13 novembre 1906.
— 80 m. 60....	Santos-Dumont.	13 novembre 1906.
— 220 mètres....	Santos-Dumont.	13 novembre 1906.
— 363 mètres....		
— 403 mètres....	Henri Farman.	23 octobre 1907.
— 771 mètres....		
— 1.500 mètres....	Henri Farman.	13 janvier 1908.
— 2.004 mètres....	Henri Farman.	21 mars 1908.
— 2.500 mètres....	Delagrange.	10 avril 1908.
— 3.925 mètres....	Delagrange.	11 avril 1908.
— 5 kilomètres....	Delagrange.	27 mai 1908.
— 9 kilomètres....	Delagrange.	27 mai 1908.
— 12 km. 500....	Delagrange.	30 mai 1908.
— 17 kilomètres....	Delagrange.	22 juin 1908.
— 19 km. 700 en 20' 19"....	Henri Farman.	6 juillet 1908.
— 24 km. 727 en 29' 53"....	Delagrange.	6 septembre 1908.
Vol d'une durée de 57' 31"....	Orville Wright.	9 septembre 1908.
— — 62' 30"....	Orville Wright.	9 septembre 1908.
— — 1 h. 5' 57"....	Orville Wright.	10 septembre 1908.
— — 1 h. 10' 50"....	Orville Wright.	11 septembre 1908.
— — 1 h. 15' 20"....	Orville Wright.	12 septembre 1908.
— — 1 h. 31' 25"....	Wilbur Wright.	21 septembre 1908.

Le record du vol à deux personnes est, à ce jour, 13 décembre 1908, détenu par Wilbur Wright qui, le 10 octobre 1908, au Camp d'Auvours, a enlevé M. P. Painlevé, volant pendant 1 h. 9' 45" et couvrant une distance de près de 80 kilomètres.

TABLE DES MATIÈRES

CHAPITRE IV

Monoplans, biplans, polyplans

CHAPITRE V

L'avenir de l'aviation

Appendice

Imp. PAUL DUPONT, 4, rue du Bouloi. — Paris. — 1569.12.08 (Cl.).

PETIT ANNUAIRE

DE

L'AÉRONAUTIQUE

AUTOMOBILE

AVIATION

L. DE SANTA MARIA

6, Chaussée d'Antin, 6

PARIS

La plus importante Maison
de fournitures pour
Aéroplanes et Automobiles

Catalogue franco sur demande

TÉLÉPHONE :
514-11 et 146-90

TÉLÉGRAMMES :
AUTOSANTA-PARIS

EXTRAIT DU CATALOGUE
de la
LIBRAIRIE AÉRONAUTIQUE

L'Aéroplane pour tous, par LELASSEUX et MARQUE (1909) . . 2 »

L'Aéroplane des Frères Wright 1 50

L'Aéronautique d'après nature (1852), par F. TOLLIN. 15 »

Aérostation, par MIRET. . . . 2 50

Les Appareils d'aviation expérimentés en 1905 en Europe, par D. LUCAS GIRARD-VILLE 0 75

Ballons, dirigeables et aéroplanes (1907), par A. BERGET 3 50

Les Ballons dirigeables et la Navigation aérienne, par H. DE GRAFFIGNY, cartonné. 4 »

Les Cerfs-Volants et leurs applications militaires, par le lieutenant TH. BOIS . . . 3 »

Comment l'oiseau vole et comment l'homme volera, par WILHEM KRESS, Traduction de R. CHEVREAU 3 50

Congrès d'aéronautique de Milan 1906. — Rapports et Mémoires . . . . 8 »

Commission permanente internationale d'aéronautique, Procès-verbaux et comptes rendus des travaux de la session extraordinaire du 12 au 15 Septembre 1907 . . . . 7 »

La Conquête de l'air (1908), par L. SAZERAC DE FORGE . . . 10 »

Les Dirigeables, par H. ANDRÉ (1901) 12 50

Éléments d'aéronautique (1908), par BAUDRY DE SAUNIER. 5 »

Éléments d'aviation (1908), par V. TATIN . . . . 3 »

Essai sur la Navigation aérienne, par LAPOINTE (1896). 3 50

Étude sur le mouvement d'un aviateur aéroplane, par HENRY (1902) . . . . . . 5 »

Les Expériences d'aviation, des Frères WRIGHT, Traduction de L. FERRUS 0 50

Au fil du vent, par F. PEYREY. 15 »

Dans l'air, par SANTOS-DUMONT. 5 »

Les Hélices aériennes, par MICCIOLO 1 50

Du choix des éléments déterminant les hélices propulsives, par S. DRZÉWIECKI. 1 25

L'Hélice propulsive, par BROSSER. 5 50

Leçons sur la Navigation aérienne, par MARCHIS. . . . 20 »

Machines aériennes d'aluminium (Fusairs et Uranes), par FONTATA. 1 50

Manuel pratique de l'aéronaute, par W. DE FONVIELLE. 5 »

La Navigation aérienne, par J. LECORNU . . . . 10 »

Note sur la Dynamique de l'Aéroplane, par VALLIER. . 3 50

Notre Flotte aérienne, par W. DE FONVIELLE et G. BESANÇON 4 »

Physiologie de l'Aéronaute, par le Docteur J. SOUBIÈS.

Les Premiers Hommes-Oiseaux, Wilbur et Orville Wright, par F. PEYREY. 1 50

Le problème de l'Aéroplane, Équilibre et Stabilité, par BOGAERT 3 50

Le problème de l'Aviation et sa Solution par l'Aéroplane, par ARMENGAUD jeune. 2 75

Le problème de la Direction des Ballons, par R. SOREAU. 2 50

Le problème général du Vol et de la force centrifuge, par AVERLY . . . . . 3 »

Les Progrès de l'aviation depuis 1891 par le Vol plané, par le capitaine FERBER. 2 »

Pas à pas, Saut à saut, Vol à vol, par le capitaine FERBER . . . . 2 »

Les Calculs, par le capitaine FERBER . . . . 3 »

Le Progrès de la Navigation aérienne et les Expériences de M. Santos-Dumont, par ARMENGAUD jeune 2 50

Les Secrets du Coup d'Aile (1903), par POMPEIEN PIRAUD. 10 »

Technique du Ballon, par le lieutenant-colonel ESPITALIER. 5 »

Vade-Mecum de l'Aéronaute, par G. BLANCHET . . . 3 50

Le Vol plané, par DRZÉWIECKI. 1 25

Un Aviateur, Roman par V. MENDELSTAMM 3 50

Les Aéroplanes, par H. DE GRAFFIGNY . . . . 4 »

Paris. — Imp. PAUL DUPONT (Cl.)